Vorwort

Die Auswirkungen der Klimaentwicklung (Temperatur, Wassermangel, Orkane usw. können ein baldiges Ende der jetzigen Menschheit bewirken. Dazu konnten hier nur einige Ursachen, Erscheinungen und Wirkungen dargestellt werden. Sie genügen jedoch um einige Zusammenhänge und notwendige Folgerungen für schnelles Handeln insbesondere in der Politik (Machthaber und Superreiche) aufzuzeigen. Wenn so kein schneller und ausreichender Erfolgt entsteht, wird die jetzige Menschheit – wie bereits bei einigen Tierarten – aussterben und durch andere Arten, also auch eine neue Menschenart, ersetzt werden.

Dieses Buch ist in Etappen entstanden und seine drei dazugehörenden Teile entstanden in anderer Reihenfolge. Dennoch ergab sich der vollständige Zeitplan des Titelbildes. Zu Beginn habe ich dabei zunächst versucht die Mängel der klassischen Wissenschaften zu finden und aufzuzeigen. Im Bild ist das der Bereich „Gegenwart und Umgebung" und betrifft grob den Bereich von etwa 1700 bis zur Gegenwart. Die Ergebnisse erschienen in meinen Büchern [Völ17] bis [Völ22b]. Sie werden hier aber nicht wiederholt, sondern als Grundlage vorausgesetzt. Bestenfalls wird in wenigen, besonders wichtigen Fällen inhaltlich darauf hingewiesen. Als nächstes sollte der Bereich von Urknall bis etwa 1700 als Überblick erscheinen. Er war etwa Mai 2023 fertig. Beim Druck ergaben sich aber infolge der Kürze von weniger als 20 Seiten Probleme. Außerdem fand dann ich noch zusätzliche Fakten. So begann ich zunächst den lange geplanten und nun vorliegenden Hauptteil dieses Buches, nämlich zu den Problemen bei der Klimakatastrophe und einer daraus entstehenden Zukunft. Nach seinem Abschluss habe ich mich wieder dem Zeitbeginn zugewandt und ihn schließlich hier angehängt. Es wäre jetzt zwar auch die richtige zeitliche Abfolge relativ leicht ausführbar, aber im meinem hohem Alter wäre dann die Endfassung nicht mehr gesichert gewesen. So ist die jetzige Gesamtfassung entstanden. Ich hoffe, dass sie auch sie den Leser sinnfällige, interessante und gut lesbare Inhalte bietet.

Dank usw. ergänzen

Datum usw.

Horst Völz

Von Mängeln über Fehler zur Klimakatastrophe

Was wird aus unserem Weltkulturerbe?

Shaker Verlag
Düren 2023

Bibliografische Information der Deutschen Nationalbibliothek
Die Deutsche Nationalbibliothek verzeichnet diese Publikation in der Deutschen Nationalbibliografie; detaillierte bibliografische Daten sind im Internet über http://dnb.d-nb.de abrufbar.

Printed in Germany.

ISBN 978-3-8440-9194-6

Shaker Verlag GmbH • Am Langen Graben 15a • 52353 Düren
Telefon: 02421 / 99 0 11 - 0 • Telefax: 02421 / 99 0 11 - 9
Internet: www.shaker.de • E-Mail: info@shaker.de

Inhaltsverzeichnis

— 1 —

Einleitung

Es sei heiter begonnen: Ein Sprichwort behauptet: „Alles hat ein Ende! Nur die Wurst hat zwei.“ Also kommt nach dem sehr oft befürchteten Untergang der Menschheit auch etwas Neues, vielleicht eine zweite „Menschheit“? Doch dazu muss sie einen Anfang haben. Wo ist er aber bereits bei der Wurst? Etwa irgendwo in ihrer Umgebung, im Raum? Wer weiß das? Doch es gibt auch etwas ohne Anfang und Ende: die Kreislinie und die Kugeloberfläche. Aus den obigen Anfangsgründen müssen wir also für die Entwicklung der Menschheit in der Realität ihren Anfang und ihr Ende in Raum und Zeit bestimmen. Doch beide besitzen keine physikalischen Eigenschaften, sondern wurden erst durch den Menschen für eine entsprechende Ordnung der Realität geschaffen. Hierzu erklärte u. a. noch vier Wochen vor seinem Tod Albert Einstein (1879 – 1955):

> *„Für uns gläubige Physiker hat der Unterschied von Vergangenheit, Gegenwart und Zukunft nur den Charakter einer wenngleich hartnäckigen Illusion ... Zeit ist nicht ein unabhängig Seiendes, sondern eine Ordnungsform der Materie“.*

Mit dem Umlaufspeicher in unserem Gegenwartsgedächtnis (GG) konnte so auch erstmalig die nur subjektiv wahrzunehmende ***Zeit*** richtig erklärt werden [Völ14a]. Das Prinzip zeigt **Bild 1**. Hierzu werden Start (als gespeicherte Vergangenheit) und aktueller Stopp bezüglich Änderungen bestimmt. Dabei wird im Zwischengebiet die Anzahl der Maxima mit einer genau festgelegten periodischen Schwingung gezählt, und zwar ganz ähnlich, wie wir Äpfel und Birnen oder allgemein Objekte zählen. Zeit entsteht also durch Zählung. Sie ist daher deutlich komplexer als das Wiedererkennen von Objekten und erfordert deshalb unser komplexes GG. Dazu fasst es etwa 10 Sekunden als vorhandenes ***Aktuelles*** zusammengefasst wahrzunehmen. So existiert für uns unmittelbar die Realität. Ein ähnliches Gedächtnis ist bei keinem Tier vorhanden. Daher kennen sie auch nicht die Zeit und Langeweile. Gemäß dem besonderen Messverfahren ist die Zeitmessung auch im „System International“ (SI) gesetzlich so festgelegt:

> *„Die Basiseinheit 1 Sekunde (1 s) ist die Dauer von 9 192 631 770 Perioden der Strahlung (≈ 9,2 GHz; H. V.), die dem Übergang zwischen den beiden Hyperfeinstrukturniveaus des Grundzustandes des Atoms Cäsium 133 entspricht“.*

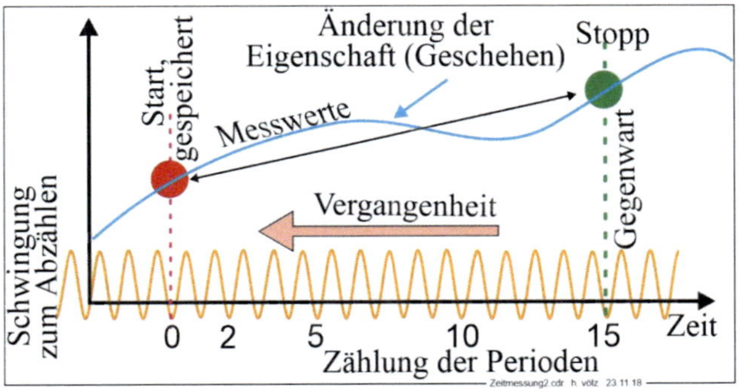

***Bild 1**. Prinzip der Zeitmessung*

Der Mensch ist bei der Evolution der Erde mit seinen vielfältig typischen Eigenschaften entstanden. Für ein „besseres“ Leben entwickelten wir umfangreich Werkzeuge und es entstanden unser Denken und unsere Sprache. Mit Aktivitäten änderten wir auch die Erde und tun es weiter. Dabei schufen wir für uns viele neue Möglichkeiten, jedoch nicht alles geschah und geschieht zu unserem Vorteil. So kam es zum heutigen Stand mit der Gefahr, dass die Erde unser Aussterben bewirken kann. Um hierauf Einfluss nehmen zu können, müssen wir zunächst mit den folgenden drei Bildern die Evolution genauer betrachten und dann erklären.

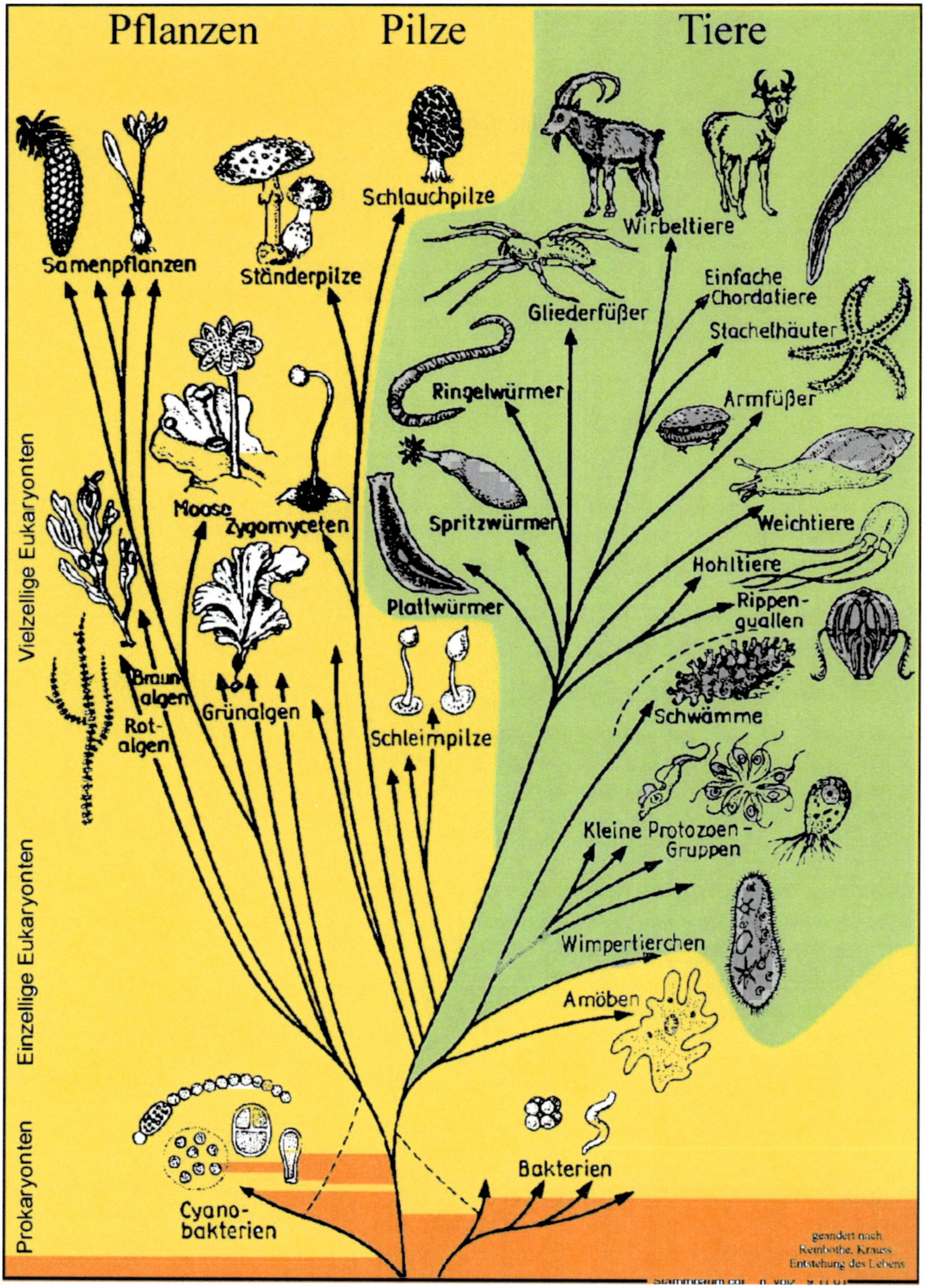

***Bild 2**. Die Evolution des Lebens*

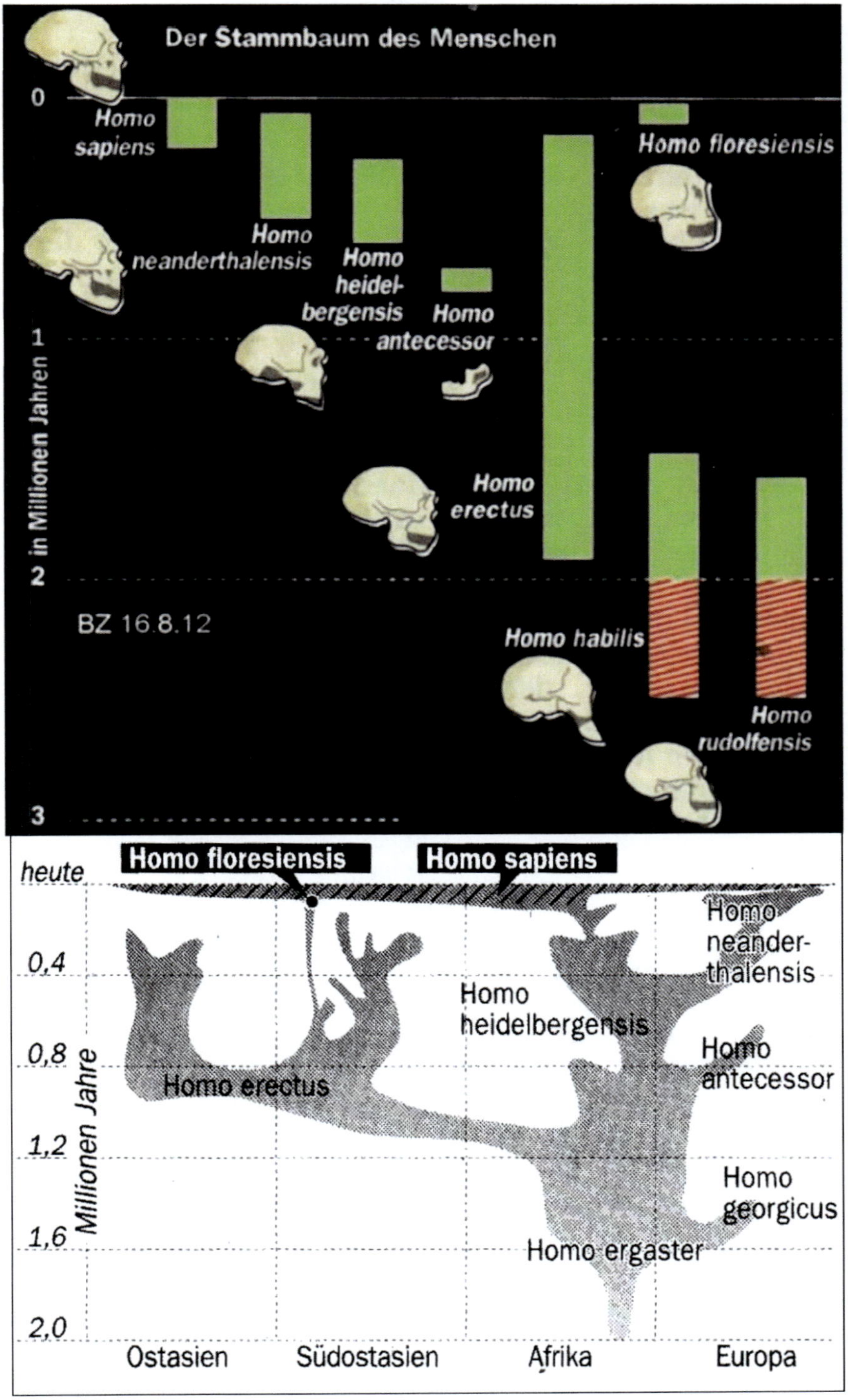

Bild 3. *Auftreten der früheren Arten des Menschen und ihr Nebeneinanderbestehen (oben) und (unten) Gebiete, in denen die verschiedenen Menschenarten nachgewiesen wurden*

Evolution

Solange der Mensch nicht existiert, läuft die Evolution (auf der Erde) nur nach ihren eigenen Regeln und Gesetzen ab (Latein *evolvere* entwickeln, hinauswälzen). Die ersten wichtigen Grundlagen dafür beschrieb Charles Robert Darwin (1809 – 1882) im Zusammenhang mit der Biologie. Hierfür wurden bald viele Belege in Rudimenten (Speicherungen) aus der Vergangenheit gefunden. Dazu gehören ebenfalls frühere Erdeinlagerungen von Kohle, Erz und Mineralien sowie viele Fossilien (Latein *fossilis* ausgegraben, auszugraben) und sehr verschiedene Rudimente (Rückstände, Spuren, Gespeichertes). Die biogenetische Grundregel wird zuweilen erheblich einfacher betrachtet. Sie wurde dann 1866 von Ernst Heinrich Haeckel (1834 – 1919) im Kontext der Begriffe Phylogenese und Ontogenese aufgestellt (***Phylogenese*** Altgriechisch φῦλον phýlon Stamm und γένεσις *génesis* Ursprung. ***Ontogenese*** Altgriechisch ὀντογένεση; aus ὄν on das Seiende und γένεσις *génesis* Geburt). Er war davon überzeugt, dass sein Gesetz nicht nur auf Pflanzen und Tiere, sondern insbesondere auch auf den Menschen und auch auf sein Seelenleben übertragen und damit generalisiert werden kann. Heute wird sowohl die stammesgeschichtliche Entwicklung der Gesamtheit aller Lebewesen als auch ihre Verwandtschaften in der biologischen Systematik betrachtet. Aber bereits 1926 erkannte Karl Ernst von Baer (1793 – 1876), dass frühe Entwicklungsstadien verwandter Organismen einander ähnlicher sind als die ausgewachsenen Individuen. Im Zentrum stehen dabei die Entwicklungsstadien, beginnend mit der Keimentwicklung bis zum voll ausgebildeten adulten Lebewesen. Dabei sind auch Rückbildungen eingeschlossen. Ein Beispiel ist das zwischenzeitliche Auftreten des Kiemendarms und der Kiemenspalten bei allen Wirbeltier-Embryonen. Daraus folgt, alle heutigen Wirbeltiere stammen von den Fischen ab. In diesem Sinne ist die Ontogenese eine Wiederholung der Phylogenese.

Bereits Charles Robert Darwin (1809 – 1882) betonte die graduellen, aber nicht prinzipiellen Unterschiede zwischen den intellektuellen Fähigkeiten bei den Menschen und Tieren. Für die individuelle Entwicklung jedes Menschen entwickelte Sigmund Freud (1856 – 1939) dazu vier charakteristische Phasen. Ergänzend ist heute nachgewiesen, dass nicht nur Menschenaffen, sondern auch einige Säugetiere, Rabenvögel, Oktopusse und sogar Bienen erheblich „denkend“ handeln können und das sogar trotz der meist viel kleineren Gehirne.

Lange Zeit gab es aber für die Evolutionstheorie keinen einzigen experimentellen Beleg. Erst seit etwa 2000 sind dafür u. a. genetische Experimente mit sich schnell duplizierenden (≈20 Minuten) besonders einfachen Lebewesen möglich geworden. Dennoch gibt es immer nur wenige, welche die Theorie anlehnen und auf die Bibel usw. verweisen.

Doch wie laufen die genetischen Prozesse ab? Jedes einzelne Lebewesen existiert im Vergleich zur Welt- und Erdgeschichte nur recht kurze Zeit. Daher müssen immer wieder neue Lebewesen geboren werden. Das ermöglicht die genetische Speicherung mittels gespeicherter „Kopie-Vorlagen“. Doch auch sie müssen für den Fortbestand immer wieder kopiert werden. Bei allen dazu erforderlichen hochkomplexen Prozessen können durch ***Störeinflüsse Fehler*** auftreten und teilweise sogar neuartige Lebewesen entstehen. Dabei verfolgt aber die Evolution ***kein Zi***el für die Weiterentwicklungen. Wesentlich ist vielmehr der Zufall. Außerdem sind viele neue Wesen nicht lebensfähig und sterben daher wieder schnell aus. Doch einige – nämlich die ***Fittesten*** gegenüber allen anderen – sind erfolgreich und entwickeln sich dann sogar erfolgreich weiter. Der allen diesen Prozessen zugrunde liegende Mitosezyklus mit Teilungen usw. dauert etwa 30 Minuten und die gesamte Fehlerrate liegt bei typisch 10^{-4}. Daher dauert es, bis ein Fehler auftritt, im Mittel 5000 Stunden ≈208 Tage und grob gerechnet etwa 1 Jahr. Deshalb erfolgt die Evolution extrem langsam.

Inzwischen hat die Wissenschaft fast alle Prozesse – auch jene des Weltalls – in die Evolution einbezogen. Daher gilt sie auch für Elementarteilchen, Moleküle, Sterne, Galaxien usw. U. a., ist das auch bei der Urknalltheorie berücksichtigt. Selbst auf unsere geistigen Prozesse gibt es Hinweise. Deshalb wird u. a. versucht mit *Orakeln, Astrologie und Prognosen* (Latein *prognosis*, im Voraus erkennen und *prognosticare* ahnen, vorhersagen, erheben) auf die Zukunft zu schließen und zur Bestätigung rückwirkend Folgerungen zu finden.

Prognosen usw.

Der Mensch erlebt sehr häufig den Übergang von Ursache zu Wirkung. So folgert er fälschlich, dass jede Erscheinung/Wirkung nur eine einzige *Ursache* habe. Etwa im 17. Jh. hatten sich viele derartig deterministischen Zusammenhänge vor allem in der Astronomie sehr erfolgreich bewiesen. *(Latein **determinare*** begrenzen, beschränken, beschließen, ***de-*** von, weg; ***terminus***, Ziel, Ende, Grenzzeichen, Grenze, Termin: ≈ *kausal*). So kam 1776 (1814) Pierre Simon Laplace (1749 – 1827) auf die Idee, einen allwissenden **Dämon** zu formulieren (**Bild 4**):

> *„Eine Intelligenz, der in einem gegebenen Zeitpunkt alle in der Natur wirkenden Kräfte bekannt wären und ebenso die entsprechenden Lagen aller Dinge, aus denen die Welt besteht, könnte, wenn sie umfassend genug wäre, alle diese Daten der Analyse zu unterwerfen, in einer und derselben Formel die Bewegungen der größten Körper des Weltalls und die der leichtesten Atome zusammenfassen; nichts wäre für sie ungewiss, und die Zukunft wie die Vergangenheit wäre ihren Augen gegenwärtig. Der menschliche Geist liefert in der Vollkommenheit, die er der Astronomie zu geben wusste, eine schwache Skizze dieser Intelligenz. ... Alle seine Anstrengungen in dem Suchen nach Wahrheit zielen dahin, ihn unaufhörlich jener Intelligenz zu nähern, die wir geschildert haben, aber er wird immer unendlich weit von ihr entfernt bleiben.“*

Aus vielen Gründen, wie nichtdeterministisches Geschehen, ungenügender Kenntnis *aller* Eigenschaften und Objekte sowie Grenzen der Rechentechnik, kann er jedoch **nicht existieren** [Völ21]. Außerdem gäbe es dann für uns keine ***Willensfreiheit***.

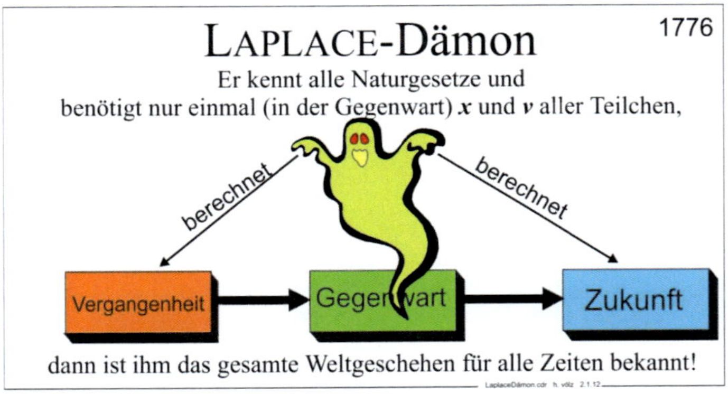

Bild 4. *Schema des Laplace-Dämon*

René Descartes (Cartesius; 1596 - 1650) führte ganz allgemein und grundlegend den Zweifel ein. Lange zuvor hatte schon Sokrates bei den „Besserwissern“ mit kritischen Fragen etwas Ähnliches versucht und musste daher freiwillig in den Tod gehen. Descartes kam dagegen zum Ergebnis „cognito ergo sun“: Ich denke (*zweifle* H.V.), also bin ich. Doch der Welt ist es egal, ob wir leben, denken und zweifeln oder nicht. Sie besteht auch nach einem Verschwinden der Menschheit und ohne Denken weiter und es gibt nicht einmal eine zugemachte Tür.

Ein bekannter Ausflugsort ist die Insel **Maina**u am Bodensee. Hier laden die schönsten Pflanzen und Blumen zum Bewundern ein. Doch nicht allen fällt auf, dass es dort keine Insekten und folglich auch keine Vögel gibt. Durch die Pflanzenschutzmittel usw. musste beides geopfert werden. So ist hier zumindest schon teilweise die Welt gemäß einer Klimakatastrophe untergegangen. Jedoch schon lange weisen **Künstler** auf eine derartige Gefahr für die Menschheit hin. So etwas versuchten z. B. bereits 1983 Franz Hohler (*1.3.43) mit seinem langen *Gedicht* „Der Weltuntergang“ oder Reinhard Mey (*21.12.1942) mit seinem Lied „Es gibt keine Maikäfer mehr“. Auch die uralte Legende von der Sintflut (u. a. Bibel) und vieles andere ist hier einzuordnen.

Die Ursachen und der Verlauf eines derartigen Geschehens sind sehr vielfältig. Ein typisches und wesentliches Beispiel ist die Forderung der Wirtschaft und des Kapitals für die **ständige Steigerung** von Gewinn, Anzahl und Größe. Häufig wird das sogar als unumgängliches Gesetz bezeichnet. Nicht nur ein Verringern, sondern sogar schon eine Stagnation des **Wachstums** soll unvermeidbar zum Zusammenbruch des Betriebes, Konzerns usw. führen. Hiermit hängt auch die ständige Forderung nach der ***Karriere*** der Menschen zusammen.

Dieser Weg führt zu einem **exponentiellen Wachstum** und strebt damit theoretisch gegen unendlich, was aber nie zu erreichen ist. Vielmehr streben alle Entwicklungen in der Natur gegen einen Grenzwert. Typische Beispiele hierzu zeigt **Bild 5**a mit logarithmischer Ordinate. Für das Wachsen der Weltbevölkerung in Richtung unendlich ist jedoch eine lineare Ordinate üblich c). Auch dann kann Unendlich nie auftreten. Eher ist ein Aussterben des Menschen zu erwarten. In der Realität wird so bei allen Arten des Wachsens immer eine Begrenzung durch Sättigung erreicht, etwa so, wie es für die Sonnenblume gezeigt ist, b).

Berechnungen für derartige Zusammenhänge entstanden vor allem mit den Prognosen, **i**nsbesondere für die Zukunft. Der zu betrachtende quantitative Wert sei N und ist z. B. die Anzahl von Produkten, Individuen oder der Marktwert usw. In den einfachen Fällen wird dann angenommen, dass der Zuwachs mit einer Konstante α proportional zur vorhandenen Anzahl N erfolgt:

$$\frac{dN}{dt} = \alpha \cdot N(t).$$

Mit den Startwerten t_0 und N_0 folgt dann durch Integration das exponentielle Wachstum (Moore‘sches Gesetz (Electronics Magazine **38**, (1965), S. 114 – 117):

$$N = N_0 \cdot e^{\alpha \cdot (t - t_0)}.$$

Wenn das Wachstum durch endliche Ressourcen auf ein Maximum M **begrenz**t wird. entsteht die Differentialgleichung:

$$\frac{dN}{dt} = \alpha \cdot N(t) \cdot \frac{M - N(t)}{M}.$$

Mit einem Startwert b ergibt sich für die kumulierten Werte N die S-förmige Kurve:

$$N(t) = \frac{M}{1 + e^{-(\alpha \cdot t + b)}}.$$

Erstmalig entwickelte hierzu 1845 Pierre Francois Verhulst (1804 - 1849) ein Modell des gehemmten Wachstums. Daher heißt die mathematische Beziehung ***Verhulst-Gleichung.*** Sie entspricht in etwa auch der ***logistischen Kurve***, die 1926 von Vito Volterra (1860 - 1940) für das Räuber-Beute-Verhalten eingeführt wurde und der Gauß'schen Glockenkurve ähnelt. Inzwischen gibt es für beide sehr viele Anwendungen für das begrenzte Wachsen.

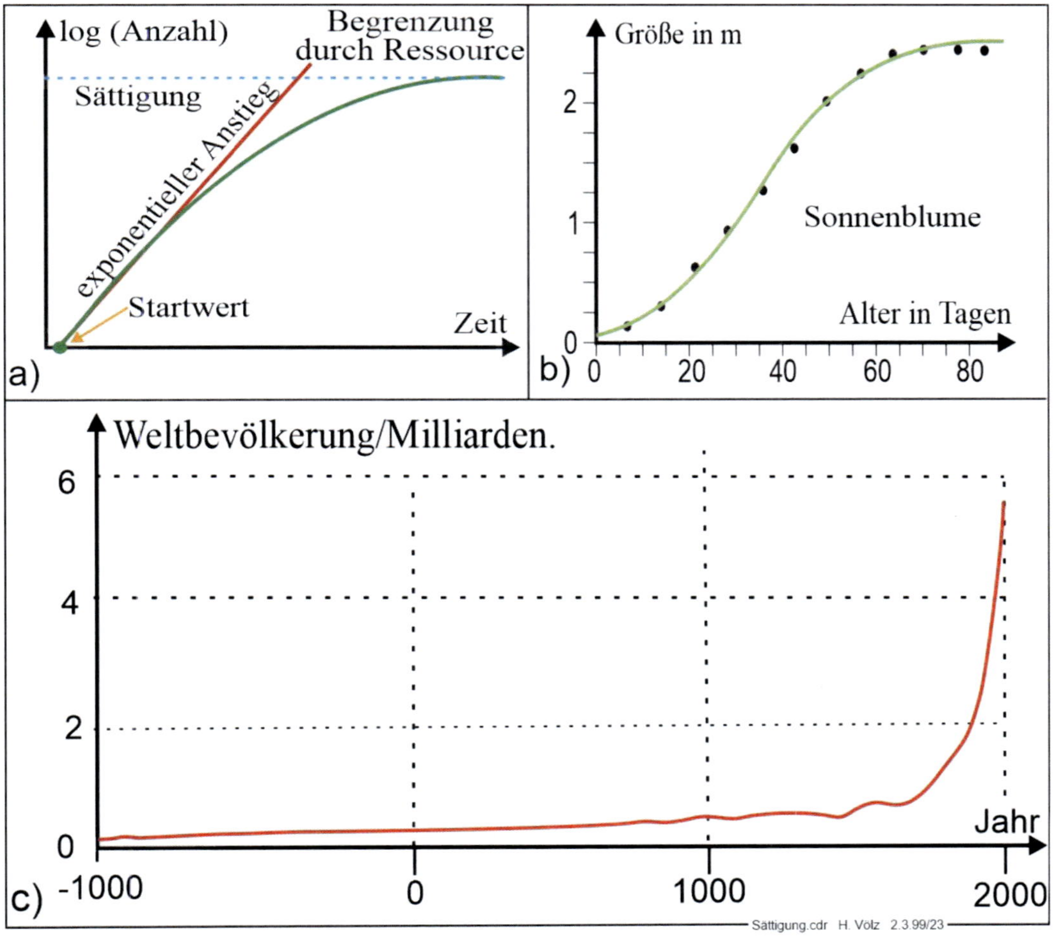

***Bild 5**. Einfache Wachstumsvarianten*

1970 zeigte eine Wissenschaftlergruppe als „**Club of Rom**" erstmalig sehr deutlich und ausführlich, dass der Menschheit sehr bald große Nachteile und mehrere Grenzen bei der Weiterentwicklung bevorstehen. Das wurde zusätzlich durch **Bild 6** deutlich sichtbar gezeigt [Mea72], [Mes74]. Leider fanden aber diese Aussagen kaum breitere Beachtung und selten erfolgten auch nur ähnlich kritische und gar noch deutlicher belegte Aussagen. Dennoch zeigte sich recht bald, dass sogar das irdische Klima sehr gefährdet ist.

Einen indirekten Hinweis auf derartige Entwicklungen gab aber schon Albert Schweitzer (1875 – 1965) bei der Verleihung des Friedensnobelpreises am 4.11.1954. [Sch73]:

„Wagen wir die Dinge zu sehen, wie sie sind. Es hat sich ereignet, dass der Mensch ein Übermensch geworden ist. ... Er bringt die übermenschliche Vernünftigkeit, die dem Besitz übermenschlicher Macht entsprechen sollte, nicht auf. ... So sind wir schließlich Unmenschen geworden."

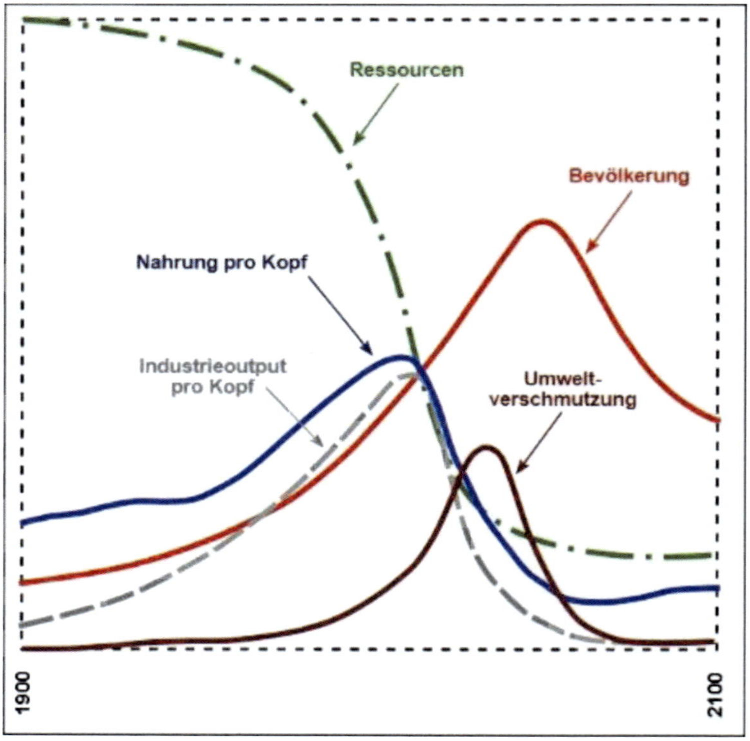

Bild 6. *Ergebnisse des „Club of Rom" zu künftigen Grenzen bezüglich der Erdentwicklung*

Ähnlich wies um 1976 Erich Fromm (1900 – 1980) auf wichtige Ursachen hin: [Fro76], S. 13:

> *„Zwar hatte die menschliche Zivilisation mit der aktiven Beherrschung der Natur durch den Menschen begonnen, aber dieser Herrschaft waren bis zum Beginn des Industriezeitalters Grenzen gesetzt. Von der Ersetzung der menschlichen und tierischen Körperkraft durch mechanische und später nukleare Energie bis zur Ablösung des menschlichen Verstandes durch den Computer bestärkte uns der industrielle Fortschritt in dem Glauben, auf dem Wege zu unbegrenzter Produktion und damit auch zu unbegrenztem Konsum zu sein, durch Technik allmächtig und durch Wissenschaft allwissend zu werden".*

Doch auch die obere Begrenzung erfasst das Geschehen in der Realität nur teilweise. Denn recht oft verschwinden ein entstandenes und wachsendes Objekt, Lebewesen usw. auch wieder bei der Evolution. Daher existiert es nur eine begrenzte Zeit. Ältere Beispiele hierzu enthält **Bild 7**. In a) ist neben den Beispielverläufen die allgemein übliche Einteilung des Prozesses gezeigt. Er schreitet zu einem (kleineren) Maximum fort und strebt danach gegen Null. Das gilt ähnlich für jedes Lebewesen und somit auch für die Menschheit. Doch wenn wir von **Klimakatastrophe** sprechen, so wird damit auf ein mögliches frühzeitiges Ende verwiesen und gleichzeitig eine gewisse Hoffnung für dauerhaftes Bestehen gewünscht.

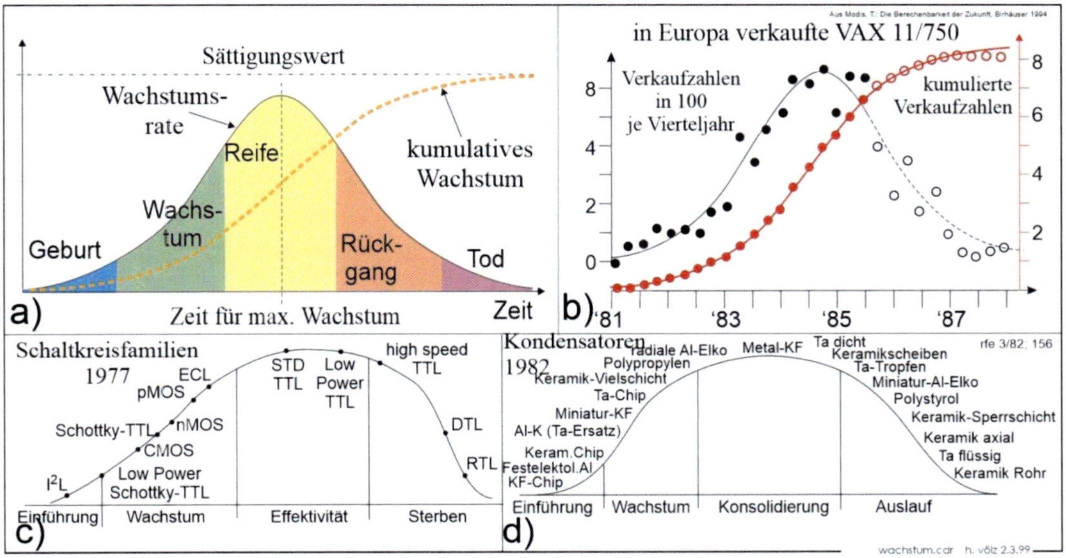

***Bild** 7. Typischer Zeitverlauf für viele Entwicklungsprozesse*

Ab 1925 wendete Nikolaj Dmitrijewitsch Kondratieff (1892 - 1938) diesen Zusammenhang auf Basis-Innovationen, Wohlstandszuwachs, Konsolidierung und Stagnation der Welt an. Dabei ergaben sich für die folgenden **Zyklen** (Wellen) Abstände von etwa 40 bis 60 Jahre.

Zyklus	Zeitraum	Basis-Innovationen	Bedürfnisse
1.	1780 - 1849	Dampfmaschine, Textilindustrie	Bekleidung
2.	1849 - 1890	Eisenbahn, Stahl	Transport
3.	1890 - 1940	Elektrotechnik, Maschinenbau, Chemie	Massenkonsum
4. *nacträglich*	1940 - 1980	Automobil, IC, Kernenergie	Individuelle Mobilität
5. *strittig*	1980 bis ?	Informations- und Kommunikationstechnik	Globalisierung, Kommunikation
6. *vermutet*	20?? bis ?	Biotechnologie, Ökologie	Ganzheitliche Gesundheit

Während die ***Vergangenheit*** aus noch vorhandenen damaligen Speicherungen teilweise rekonstruiert werden kann, ist die ***Zukunft*** eigentlich völlig unbestimmt. Dennoch ist ihre Kenntnis oder sind zumindest Teile davon für optimales Handeln wichtig, ja nützlich, oft sogar entscheidend. Zunächst wurden dazu u. a. ***Orakel, Astrologie*** usw. herangezogen. Erst später entstanden verschiedene Prognose-Methoden (Latein *prognosis*, im Voraus erkennen und *prognosticare* ahnen, vorhersagen, erheben. Dazu gehört Griechisch *gignoskein* erkennen ~Diagnose). Bei allen Prognosen sind ***qualitative*** (für neue Inhalte) und ***quantitative*** Methoden (für Zeit und Umfang) zu unterscheiden. Beide sind immer mit Unsicherheiten verbunden. Allgemein werden bei den Prognosemethoden wissenschaftlich belegte ***Gesetze*** und ***Regeln*** benutzt und aus vorhandenen aktuellen ***Daten*** künftige Ereignisse und Techniken abgeleitet. Die Ergebnisse ***können***, aber ***müssen nicht eintreffen***. Bezüglich des ***Vorhergesagten*** sind zwei Arten zu unterscheiden:

- Sie haben auf das Vorhergesagte ***keinen Einfluss***, das gilt meist bei Naturgesetzen
- Sie verändern das ***Vorhergesagte***, z. B. bei soziologischen und Wahlprognosen

Nur erwähnt sei noch, dass es auch Vorhersagen gibt, deren Inhalt ***unerklärt*** bleibt, wie z. B. Mond- ⇔ Menstruationszyklus.

Für die qualitativen Prognosen entwickelten 1963 Helmer und Gordon die **Delphi-Methode.** [Heg66]. Der Ort Delphi wurde in der Antike als „Nabel der Welt" (Omphalos) angesehen. Dort war der Sitz des Orakels der Erdgöttin Gaia. Die Methode wird zuweilen auch **Ideenkonferenz** oder Brainstorming genannt. Sie benutzt drei Expertenrunden mit mindestens 5, typisch 10 Experten. In der Eröffnungsrunde wird der inhaltliche Rahmen möglichst genau vorgegeben und die Experten nennen dazu mögliche Ereignisse und Entdeckungen, die sie für die Zukunft wichtig halten. Dabei gelten mehrere Regeln, z. B. für die Phantasie dürfen keine Grenzen gesetzt werden, alle geäußerten Ideen sollen die anderen Teilnehmer anregen. Dabei ist die Anzahl der Vorschläge wichtiger (je mehr desto besser) als ihre Qualität. Die Teilnehmer sollen auch beliebige, selbst die absonderlichsten Varianten vortragen. Es gibt kein Urheberrecht. Jegliche Kritik und ganz besonders Killerphrasen sind verboten. Dann wird eine Liste zusammengestellt, auf deren Grundlage die Experten in der zweiten Runde angeben, wann sie die Ergebnisse erwarten. In der dritten Runde geben die Experten dazu ihre kritischen Einschätzungen. Hiervon werden statistische Mittel- und Grenzwerte berechnet, sowie graphisch dargestellt. So entsteht schließlich die Voraussage.

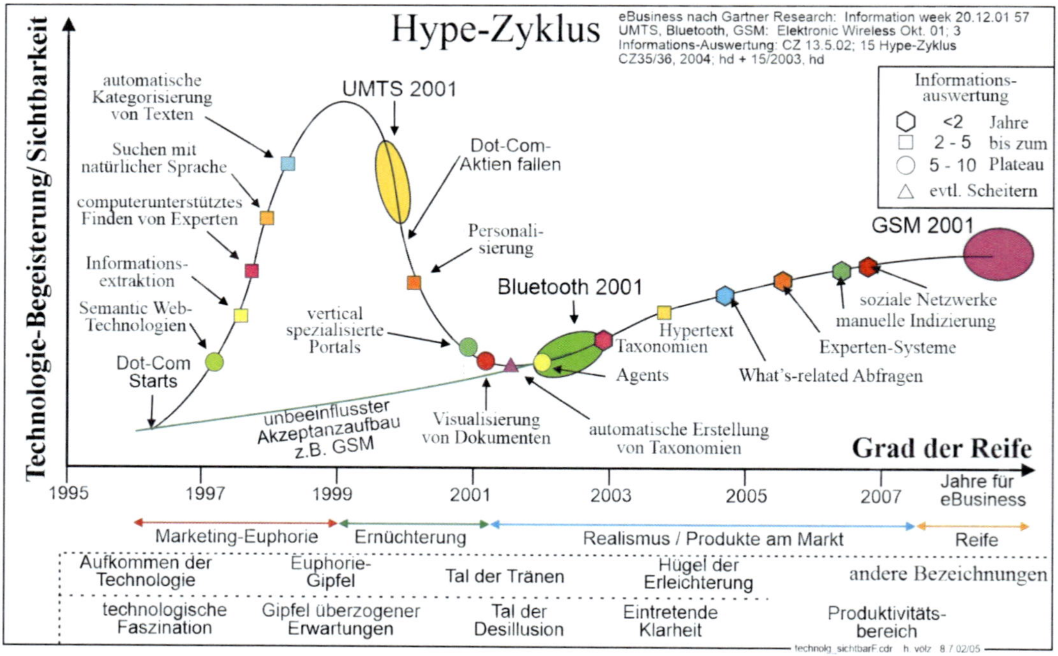

Bild 8*. Beispiel für einen Hype-Zyklus*

Der quantitative **Hype-Zyklus** (Englisch *hype*) wurde von der Gartner Group um 2000 eingeführt. Die einzelnen Ausprägungen sind nicht gemessen, sondern nur geschätzt. Ein Beispiel zeigt **Bild 8**. Für verschiedene Anwendungen sind im Internet mindestens 20 unterschiedliche Beispiele vorhanden. Mehrere Begriffe sind fast immer unzureichend geklärt, u. a. um eine Technologie-Begeisterung und deutliche Sichtbarkeit zu erreichen. Oft ist nicht einmal hinreichend festgelegt, was zum Thema gehört und wie die einzelnen Zahlenwerte gewonnen wurden. Bevorzugt wird dieses Prinzip dann ausgewählt, wenn das gewählte Thema einen großen Forschungs- und Entwicklungsaufwand erfordert und beim Abschluss eine umfangreiche Produktion erwartet wird. Als Grundlage fehlt aber jegliche Theorie und vielfach wird ein Zusammenhang mit den Kondratieff-Wirtschaftszyklen (s. o.) hergestellt.

Bei der Weiterentwicklung von Produkten sind auch unterschiedliche Technologien möglich. So entstand die **85%-Regel**. Für sehr viele Fälle, u. a. Lichtquellen, Messprinzipien und chemische Elemente wurde sie ganz allgemein von H. Schrauber untersucht und bestätigt [Sch78]. Im **Bild 9** für den Transport ist sie aber nur teilweise erfüllt. Besser belegt ist sie bei den Speicheretappen in **Bild 10** [Völ19]). Trotz vieler Versuche konnte für die Regel bisher keine Begründung gefunden werden. Häufig wird aber angenommen, dass bei der Weiterentwicklung einer Technik die Ausschöpfung der „letzten" Reserven immer aufwändiger wird. Bei etwa 85% des prinzipiell erreichbaren Grenzwertes ist es dann einfacher und preiswerter, eine neuartige Technologie zu suchen.

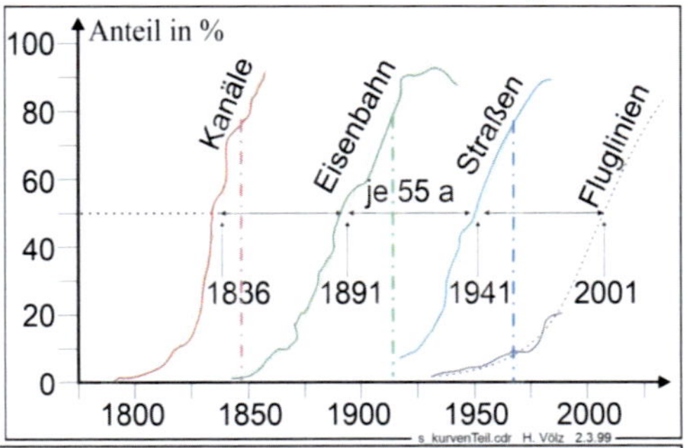

***Bild 9.** Entwicklung der typischen Transport-Technologien*

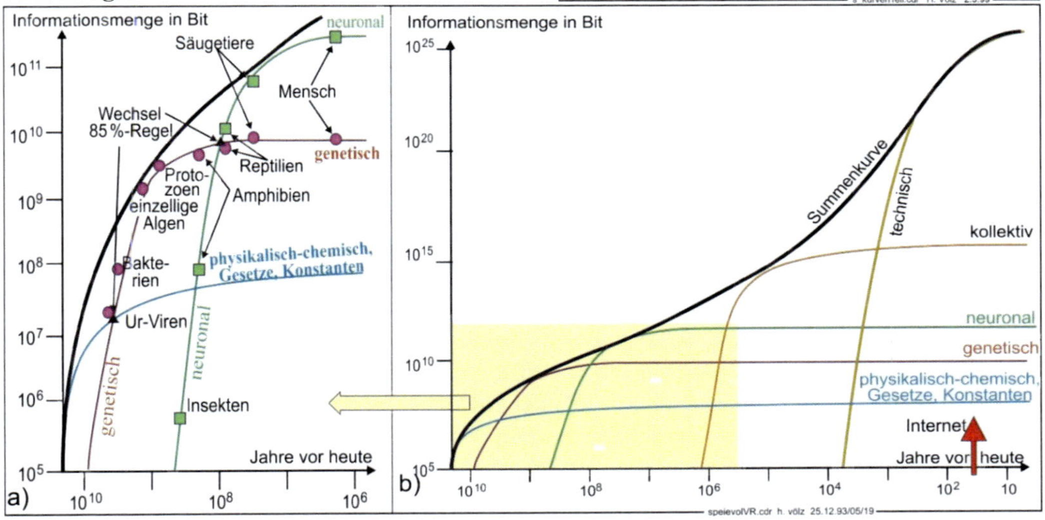

***Bild 10,** Speicherentwicklung als Beispiel für die 85%-Regel: a) [Sch93], b) [Völ19]*

Wie unsicher Vorhersagen sein können, zeigt das folgende fast typische Beispiel. Bei der jährlichen Leibnitz-Tagung der Akademie der Wissenschaften der DDR 1980 ging Prof. Robert Rompe (1905 – 1993) in seinem Festvortrag davon aus, dass die immer schneller werdende Entwicklung der Mikroelektronik auch zu Null übergehen dürfte. Hierzu dienten ihm wenige, aber kaum typische Beispiele:

1835 Henry erfindet Relais	1883 für erstes Telefon	48 Jahre
1830 Schallspeicher Weber auf Glasplatte	1877 Edison-Walze	47 Jahre
1860 Mikrophon von Philipp Reis	1877 für Telefon	17 Jahre
1905 Lee Forest erste Röhre	1812 Röhren bei AEG	7 Jahre
1947 Transistor Bardeen usw.	1949 Transistor für Uhren	2 Jahre

Daraus zog er dann die sicher falsche Folgerung, dass dieser Abstand schnell auf Nichts schrumpfen dürfte. Doch in der Diskussion antwortete ihm dann Prof. Jürgen Kuczynski (1904 – 1997) in seiner typischen Weise:

> *Lieber Herr Kollege Rompe, wir stimmen im Prinzip überein, aber wir streiten noch darüber, ob Archimedes, als er mit „Heureka" aus dem Bad stieg und zum Experiment mit der Krone sehr schnell nach Hause lief, sich erst noch abtrocknete oder nicht!*

Es muss auch noch beachtet werden, dass neuen Technologien nicht immer die *alten* völlig *verdrängen*. Hierfür gilt in etwa:

1. Prognostische Aussagen von ***Experten*** betreffen jenes, was heute prinzipiell realisierbar sein dürfte. Neues betreffend sollte man ihnen nur sehr bedingt glauben. Das belegte Karl Steinbuch (1917 – 2005) mit vielen beeindruckenden Beispielen [Ste63].
2. Eine ***breit eingeführte Technik/Technologie*** kann nicht völlig verschwinden, höchstens verzögert eingeengt werden. Bekannte Fälle hierfür sind etwa Zeppelin, Gaslicht, Dampfmaschine, Ferritkern-, Relaisspeicher, Lochkarten und -bänder. Meist erlangt die verdrängte Variante in technischen Lücken wieder eine noch geringe Verbreitung z. B: die Elektronenröhre bei Mikrowellen, Display und Oszilloskop.
3. Prinzipien, die trotz vieler Vorteile und positiver Prognosen auch nicht nach ***Jahrzehnten*** eingeführt wurden, besitzen ***keine Chance*** mehr. Hierzu zählen u. a. Bubbles, magnetische Dünnschicht-, Draht- und Bloch-Linien-Speicher. Vielleicht gilt das auch für Assoziativ-, Tieftemperatur- und digitale Holographie-Speicher.

Wissenschaft für die Realität

Für das Folgende ist es sinnvoll, die Welt – oder etwas eingeschränkter die Erde – in drei Teile zu zerlegen. Zuerst sei die ***Realität*** durch ihre stofflich-energetische Basis festgelegt. Von ihr nutzen die Tiere vieles, möglichst alles zu ihrem Vorteil. Der Mensch bemüht sich, in ihr vorteilhaft zu leben. Dabei werde ich sofort an mein Seminar erinnert, das ich für meine Dissertation 1954 beim Philosophen Prof. Erhard Abracht zusätzlich belegen musste. Dabei ging er unter anderem auf die möglichen genetischen Folgen der Atomversuche ein. Absichtlich provozierend stellte ich die Frage: „Sollten wir das nicht fördern? Vielleicht entsteht dann ein besserer Mensch!" Völlig wider Erwarten stellte er darauf ganz sachlich an mich die Frage: „Was soll der neue Mensch dann mehr vermögen, als die Welt zu erkennen?" Damals gab ich mich geschlagen und später wurden wir sogar Freunde. Hier taucht nun diese Frage erneut, aber leicht verändert auf: Erkennen wir sie wirklich? Sie existiert zumindest höchst wahrscheinlich. Doch was und wie viel erkennen wir von ihr wirklich und wie unterscheiden wir dabei, was davon falsch oder richtig ist?

Diese Fragen sind wichtige Inhalte der Wissenschaft. Zur Beantwortung benutzen wir unsere Wahrnehmungen, das Denken sowie Messungen und Experimente. Doch nicht alles auf der Erde und der Welt wird dabei verfügbar und anschließend erklärbar. Außerdem ist unser bereits jetzt nutzbares Wissen so umfangreich, dass unser individuelles Gedächtnis nicht ausreicht, und letztlich sind auch die Möglichkeiten der technischen Speicher begrenzt. So bleibt auch recht häufig ungeklärt, was vom Bekannten voll gültig ist. Vielleicht gibt es sogar Eigenschaften und Objekte, die wir mit unseren fünf Sinnen nicht sehen, hören fühlen, schmecken oder riechen können und für die wir auch keine Nachweis- oder Messmethoden besitzen. Teilweise könnten dazu bereits die dunkle Energie und Materie gehören. Anderes könnte zu weit weg, zu klein oder zu groß sein. Jedoch für die Menschheit ist es primär wichtig, in einer für sie vorteilhaften Welt zu leben und zu überleben. Das betrifft vorrangig die materiellen Lebensbedingungen und wird erheblich durch das Klima und die Ernährung bestimmt. Dazu gehören u. a. Pflanzen und Tiere, aber auch Wasser, Wohnung, Energieversorgung, Bodenschätze, Verkehr und viele andere Techniken. Dies alles und einiges mehr kann als stofflich-energetische Realität zusammengefasst werden. Sie ist durch viele Eigenschaften bestimmt, wirkt unmittelbar auf den Menschen ein und wird durch ihn erheblich – und nicht nur zum Fortschritt – verändert, erweitert. Hierbei ist **Messen** besonders wichtig. Sein Prinzip ist jedoch schon recht alt. So steht bereits in einem alten Papyrus:

„Wenn dein Schatten 16 Fuß misst, Berenike, erwartet Amasis dich im Olivenhain ...“

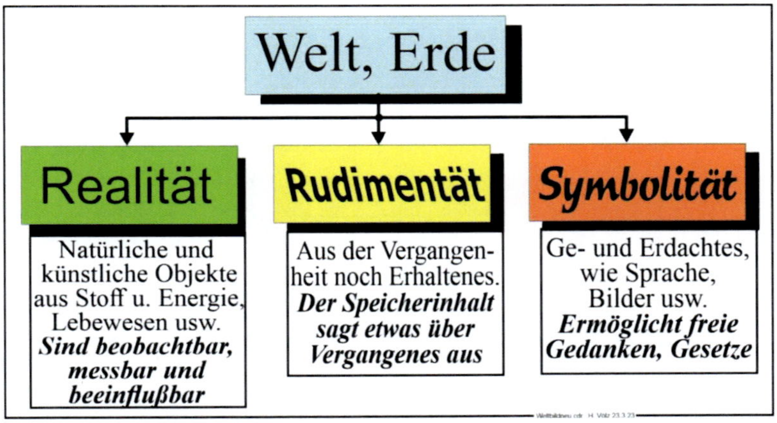

Bild 11. *Mögliche Dreiteilung von der Welt (Kosmos) und der Erde [Völ23]*

Auch Sokrates (470 – 399 v. Chr.) stellte die große Bedeutung der Messung fest:

> *„Wir sind zahlreichen Sinnestäuschungen ausgesetzt, und das beste Mittel dagegen ist das Messen, Zählen und Wiegen. Der Teil in uns, der sich auf dies Berechnen und Messen verlässt, ist die edelste Kraft unserer Seele.“*

Noch genauer belegte dies Peter Omm durch ein ebenfalls altes Zitat [Omm58]:

> *„Durch Messen erbaut man die Welt. Das sagte vor neunhundert Jahren ein weiser Araber. Ein Wort, das nach wenig klingt und das dennoch alles umfasst. Beinahe nichts ist möglich ohne das Maß und ohne die Geräte des Messens. Ordnung, Sicherheit und Recht ... berechnen, erschließen und wirtschaftlich arbeiten ... mit dem Messen fängt alles an.“*

Bei jeder Messung muss die *Qualität* über die Maßeinheit festgelegt und deren *Quantität* durch die Maßzahl mit Messtoleranz (als Streuung σ) bestimmt werden. Seit 1983 sind für die Qualität 6 Basiseinheiten und die 7 Naturkonstanten entsprechend **Bild 12** auch in ihren Zusammenhängen festgelegt. Auffällig ist, dass die Sekunde einzig mittelbar über die Strahlung des Cs-Atoms bestimmt ist (s. S.1). Alle anderen Messwerte usw. hängen dagegen von mehreren Größen ab. In [Völ96] ist mit den nur wenig abweichenden älteren Festlegungen das umfangreiche Wissen zum Messen zusammengefasst. Getrennt für die 65 Maßeinheiten sind darin viele Messwerte – von den kleinsten bis zu den größten – in umfangreichen, aber übersichtlichen Skalen angeordnet. Zusätzlich werden 43 Naturkonstanten angegeben.

	Konstante	exakter Wert		seit
$\Delta\nu_{Cs}$	Strahlung des Cs-Atoms	9 192 631 770	Hz	1967
c	Lichtgeschwindigkeit	299 792 458	m/s	1983
h	Planck Wirkungsquant	$6.62607015 \cdot e^{-34}$	J·s	2019
e	Elementarladung	$1.602176634 \cdot e^{-19}$	C	2019
k_B	Boltzmann-Konstante	$1.380649 \cdot e^{-23}$	J/K	2019
N_A	Avogadro-Konstante	$6.02214076 \cdot e^{23}$	mol^{-1}	2019
K_{cd}	Strahlungsäquivalent	683	lm/W	1979

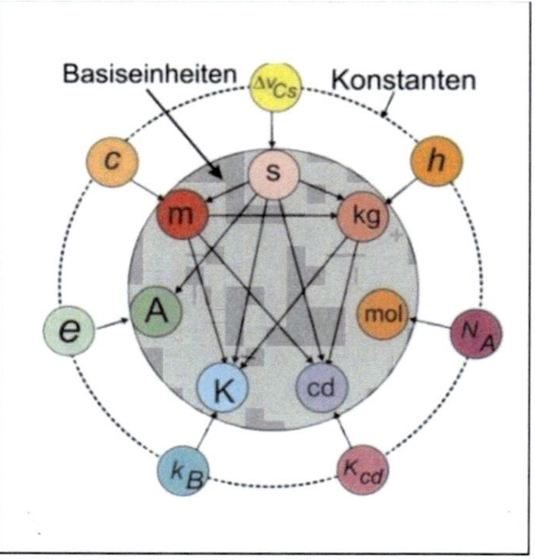

Bild 12. Die seit wenigen Jahren festgelegten Basiseinheiten und Naturkonstanten. Aus beiden werden heute alle o. g. Maßeinheiten und Konstanten abgeleitet.

Jeder gewonnene Messwert x hängt von vielen Einflüssen ab, die u. a. durch das Messobjekt und Messinstrument bestimmt werden. Auch Wiederholungen der Messung stimmen selten exakt überein. Diese Abweichungen bewirken dann bei der Fehlerrechnung die Gauß'sche Glockenkurve von **Bild 13**. Ihr Maximum ergibt den *Erwartungswert* x_0. Dazu gehört die *Streuung* σ, bei der 68,3 % aller Messwerte einbezogen sind. Aber darüber hinaus kann es Ausreißer geben, die aber meist nicht weiter zu berücksichtigen sind. So lautet ein Messergebnis $x = x_0 \pm \sigma$. Schließlich ist noch die Maßeinheit z. B so zu ergänzen:

$$x = 45{,}34 \pm 0{,}05 \text{ kg}.$$

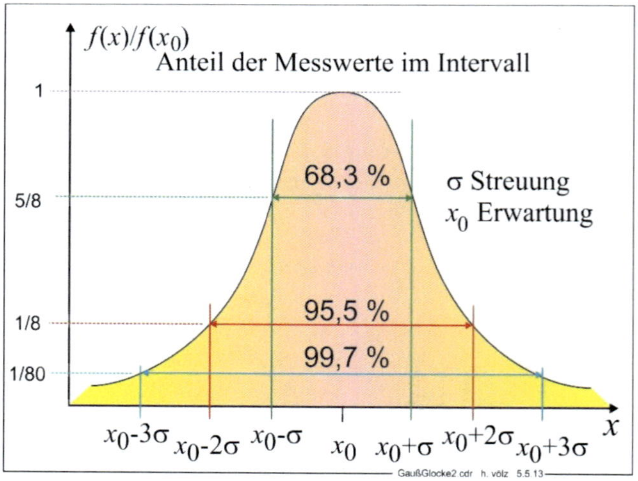

***Bild 13.** Die Glockenkurve der Fehlerrechnung nach Gauß*

Infolge der Streuung ist für den Messwert nur eine begrenzte Stellenzahl (wie oben) gültig. Prinzipiell können aber auch jenseits der Streuung einzelne Ausreißer auftreten. Für die weiteren Betrachtungen sind sie jedoch meist vernachlässigbar [Völ21].

Umfangreichere Messergebnisse liefern Experimente (**Bild 14**). Sie kamen aber erst relativ spät in die Wissenschaft. Als Erster wies um 1300 Wilhelm Ockham (1230 – 1384) gedanklich und dann später Nikolaus von Kues (eigentlich Nicolaus Cryfftz = Casanus, 1401– 1464) auch auf dessen Vorteile und sogar auf deren Notwendigkeit hin. Den entscheidenden Schritt vollzog jedoch erst Galileo Galilei (1564 – 1642), insbesondere durch seine Fallversuche ab 1589. Häufig erfolgt ein Experiment erst auf der Grundlage einer Hypothese oder Vermutung für eine Entscheidung. Daher sprach Carl Friedrich von Weizsäcker (1912 – 2007) von einem „Verhör" der Natur. Bei einem Experiment bewirken meist genau definierte Beeinflussungen Änderungen in der Realität. Dabei werden die Folgen genau beobachtet. Zusätzlich wird dafür häufig ein Bereich der Realität genau abgegrenzt und von seiner Umgebung isoliert. Dann sind meist auch nur die Änderungen in diesem Bereich festzustellen.

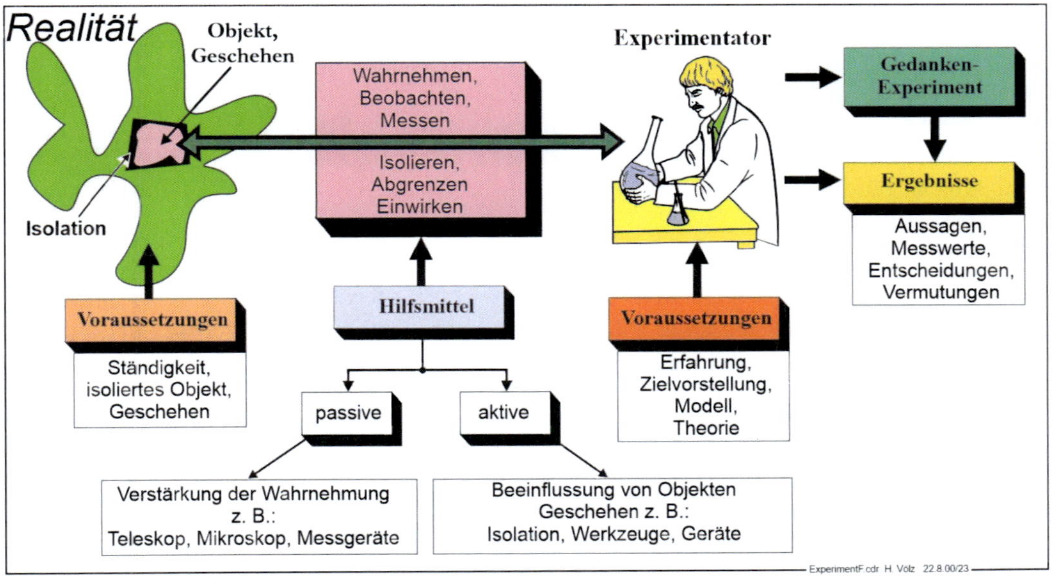

Bild 14. *Strukturen und Zusammenhänge beim Experiment*

Messung und Experiment verlangen und erkunden die *aktuelle Realität*. Sie können aber (fast) nichts Gültiges über die *Vergangenheit* und/oder die *Zukunft* aussagen. Es sei denn, dass ein Mensch sich an entsprechende vergangene Details recht genau erinnert und/oder entsprechende Ergebnisse gespeichert wurden. In der Realität existieren jedoch auch erstaunlich viele Objekte, Rückstände usw. aus der Vergangenheit. Dazu gehören u. a. Skelette von Dinosauriern, Menschen usw., aber auch im Bernstein eingelagerte Insekten sowie vielfältige Rückstände von heute nicht mehr existierenden Objekten, Lebewesen, Fossilien, Ablagerungen usw.. ja selbst von Meteoriten, Überschwemmungen und Ähnlichem. Alle zusammen sind gewissermaßen *Rudimente* der Vergangenheit. Messungen an ihnen oder Experimente mit ihnen sagen zunächst nur etwas über ihre nun aktuellen *Eigenschaften* aus. Inhalte der zugeordneten Vergangenheit müssen erst mittelbar bestimmt (berechnet) werden. Zusätzlich ist dazu auch der damals aktuelle Zeitpunkt zu ermitteln. Dies alles ist recht ähnlich wie bei der Kriminalität. Dabei wird aus den verbliebenen Spuren der Ablauf von Verbrechen zu klären gesucht. Alle derartigen Zusammenhänge bilden bei der Wissenschaft den Bereich der **Rudimentät** (Bild 11). Ihre Nutzung verlangt aber einen deutlich schwierigeren und umfangreicheren Aufwand als bei der Realität.

Nebenbei sei darauf hingewiesen, dass Ähnliches in der ***Geschichtswissenschaft*** noch problematischer ist. Sie lässt nämlich für des Geschehene nur Dokumente (vorwiegend Schriftstücke) zu. Sie müssen zusätzlich immer wieder neu passend zur Aktualität interpretiert werden. Zudem wurden diese Dokumente in der Vergangenheit nur von der jeweils herrschenden Oberklasse verfasst und geben also so gut wie keine Auskunft über übliche Bürger.

In der Realität gibt es auch Gebiete, Geschehen und Inhalte, die keine *unmittelbaren* Messungen ermöglichen. Das tritt u. a. dann ein, wenn sie dafür zu weit entfernt sind und somit der Weg zu lang. Das trifft zumindest für Sterne, Galaxien usw. zu. Für den Menschen kann auch infolge zu hoher Radioaktivität, Energie oder dort schädlicher Stoffe der Zugriff zu gefährlich sein. Aber auch die auf der Erde ankommende oder vorhandene Energie kann für eine Messung zu gering sein.

Diese Bereiche gehören zu dem in Bild 11 als **Symbolität** bezeichnetem Gebiet. Hier sind jedoch vor allem Denken und Berechnen mit Formeln notwendig. Sehr häufig wird dann die **Ständigkeit** für die ganze Realität vorausgesetzt. Dabei wird alles, was bereits mehrfach und einigermaßen genau experimentell ermittelt und/oder mathematisch erfasst wurde, für die ganze Welt als gültig erklärt (behauptet). Dabei wird auch meist verlangt, dass in ihr primär nur gleichartige Grundmaterialien, wie Elementarteilchen, Atome. Energiearten usw., vorkommen und die dazugehörenden Gesetze immer und überall gelten. Doch einen gültigen Beweis dafür gibt es nicht. Es hat sich aber umfangreich bewährt.

Innerhalb der Symbolität kann der Mensch auch Theorien, Gedanken usw. entwickeln, die frei von Widersprüchen sind, aber dennoch nichts zur Erkenntnis der Realität oder zum ***Nutzen*** für die Menschheit beitragen können. Deshalb habe ich hierfür früher teilweise auch den Begriff *geistige Hochakrobatik* benutzt [Völ21].

Eine Zeitlang bestand dabei auch die falsche Hoffnung, eine einzige **Weltformel** (gemeint ist aber die *Realität*) aufzufinden, zu entwickeln. Mit der Rechentechnik wurde dabei zu entsprechenden Weltmodellen übergegangen. Dabei gelang es aber nicht, alle Eigenschaften der Realität mathematisch zu modellieren. Außerdem bewirkte die Feasable-Grenze (der Berechenbarkeit der Informatik) Grenzen [Lau07]. In einem Interview [Gen04] hat diesbezüglich Steven Weinberg einmal bemerkt, die Dramen Shakespeares und Goethes *Faust* wären auch dann große Dramen, wenn der eine oder andere Vers entfiele oder geändert würde – wie es bei Aufführungen zumeist geschieht. Ganz anders stünde es um die Weltformel. Schon die kleinste Änderung, die nicht auf eine äquivalente Formel führte, würde ihre innere Konsistenz zerstören. Sie wäre in dem Sinn isoliert, dass es in ihrer logischen Nachbarschaft keine Formel gäbe, die ebenfalls eine mögliche Welt beschriebe. Sie wäre, schreibt Weinberg, so *„streng [...], dass jeder Versuch einer auch nur geringfügigen Abänderung zu logischen Absurditäten führt*" - wie es zum Beispiel negative Wahrscheinlichkeiten wären. *„Die endgültige Theorie wäre wie ein Stück feines Porzellan, das man nicht verformen kann, ohne es zu zerbrechen*". Weiteres hierzu in [Lau07]. Teilweise tragen hierzu auch die Toleranzen der Streuungen σ aller Messungen (s. o.) bei. Dennoch bleibt die Mathematik der Symbolik für die Anwendungen in der Realität sehr nützlich bis notwendig. Darauf wies auch mehrfach deutlich Einstein hin, z. B.:

> *„Die Mathematik genießt vor allen anderen Wissenschaften ein besonderes Ansehen, ihre Sätze sind absolut sicher und unbestreitbar, während die anderen Wissenschaften bis zu einem gewissen Grad umstritten und stets in Gefahr sind, durch neu entdeckte Tatsachen umgestoßen zu werden."*

Dazu ergänzt sei eine Aussage von Tobias Danzig [Bar94], S. 418.:

> *„Man könnte den Mathematiker mit einem Modeschöpfer vergleichen, der überhaupt nicht an Geschöpfe denkt, dem seine Kleider passen sollen. Sicher, seine Kunst begann mit der Notwendigkeit, solche Geschöpfe zu bekleiden, aber das ist lange her; bis heute kommt gelegentlich eine Figur vor, die zum Kleidungsstück passt, als ob es für sie gemacht sei. Dann sind Überraschung und Freude endlos!"*

Ein Beweis dafür ist die *Matrizenrechnung*. Sie wurde 1850 von Sylvester rein theoretisch, also völlig unabhängig von jeglicher Anwendung eingeführt, und blieb längere Zeit unbeachtet. Ohne von ihr zu wissen, benutzte ihre Regeln 1925 Werner Karl Heisenberg (1901 – 1976) für seine Matrizenmechanik. Erst sein Lehrer Max Born (1882 – 1970) wies ihn im Nachhinein darauf hin.

Besonders vielfältig verweist die **Rekursion** auf Objekte der Natur in der Realität hin. (Latein *recursus* Rücklauf, Ebbe, Heimkehr, *recurso* ich kehre zurück). Dabei wird ein meist sehr einfacher mathematischer Zusammenhang auf sich selbst angewendet. Anschaulich ist dafür Münchhausens Erzählung, wie er sich selbst am Schopf aus dem Sumpf zieht. Ein nahezu triviales Beispiel ist

$$x := \sqrt{\sqrt{\sqrt{\ldots\sqrt{x}}}}\ .$$

Ab 1968 zeigte damit Aristid Lindenmayer (1925 – 1989), wie aus sehr einfachen Formeln u. a. sehr viele Pflanzen graphisch erzeugt werden können [Pru90]. Seine typischen Algorithmen sind als **L-Systeme** bekannt geworden. **Bild 15** veranschaulicht das Ersatzverfahren für die Erzeugung der Koch-, Drachen- und Hilbert-Gebilde. **Bild 16** zeigt dann Beispiele: links für zwei Bäume und eine blühende Pflanze. Allgemeine Ergänzungen enthält u. a. [Man87].

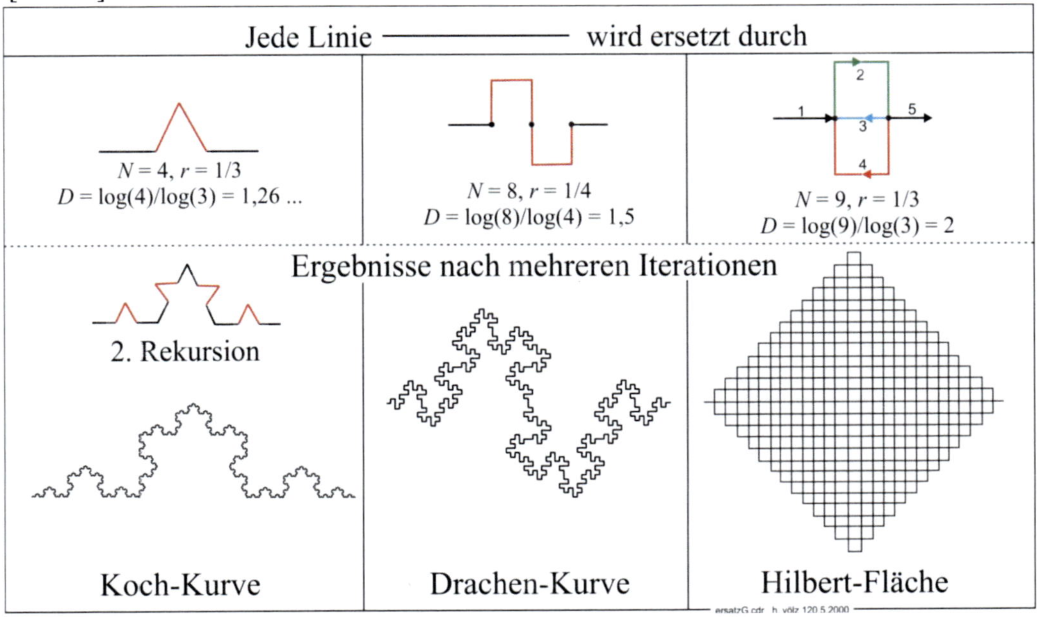

***Bild 15**. Beispiele für die Rekursion für „unendliche" Kurvenzüge*

Bild 16. *Mittels Rekursion erzeugte blühende Pflanze sowie Bäume mit unterschiedlicher Verzweigung*

Vieles in der Realität lässt sich gemäß dem Voranstehenden gut mit der Mathematik beschreiben. Beim Denken und sprachlichen Argumentieren ist aber die (binäre) **Logik** mit einer **Ja/Nein**- bzw. Wahr/falsch-Entscheidung – ohne zugelassenes Drittes – wesentlich, meist sogar unvermeidlich. Das gilt recht ähnlich für die Wahrheit und auch für die Digitaltechnik (s. u.). Vielfach ist es ähnlich bei zeitlichen Zusammenhängen von der Ursache zur Wirkung, vom Wenn zum Dann. Doch hierbei können leicht Widersprüche auftreten (auch als Paradoxien usw. Griech. *paradoxon, para*: daneben, dabei, von her, gegen, wider und *doxa*: Ansicht, Meinung). Dafür existieren sogar mehrere Bücher, die teilweise nur zu Unterhaltung genutzt werden, u. a. [Ber05], [Fall88], [Lev17], [Meh97] und [Nyb94]. Zwei typische Beispiele für nicht entscheidbare Aussagen sind:

Der eingerahmte Satz auf dieser Seite ist falsch!

Ein Kreter sagt: „Alle Kreter lügen“.

Ähnliches gilt auch für ***Fragen***, die nicht mit Ja ***oder*** Nein zu beantworten sind. Ein Richter, der sich über die langen und umständlichen Antworten ärgert, sagt zum Angeklagten:

„Fassen Sie sich bitte kurz, jede Frage kann mit Ja oder Nein beantwortet werden!“
„Herr Richter, darf ich eine Frage stellen?“ „Ja, natürlich!“
„Herr Richter, haben Sie aufgehört, Ihre Frau zu schlagen?“

Ein bekanntes anschauliches Beispiel ist auch **Buridans Esel** (nebenstehendes Bild). Es geht auf den französischen mittelalterlichen Philosophen Jean Buridan (1300 - 1358), Schüler Willhelm von Ockhams (1284 – 1350), zurück. Ein Esel steht genau auf halbem Wege zwischen zwei gleich großen Heuhaufen. Da er sich **nicht entscheiden** kann, bleibt er stehen und **verhungert** schließlich. Dieses Paradox wurde schon bei Aristoteles (384 – 322 v. Chr.) erwähnt, der dafür statt des

Esels einen Hund beschrieb. Insgesamt wurden die Antinomien aber bald auch umfangreich zur Unterhaltung benutzt, z. B. [Ber05], [Fal90], [Lev17].

Ähnliche Widersprüche treten zuweilen beim logischen Ableiten neuer Sätze (mittels wenn → dann) aus schon bekannten Sätzen einer (axiomatisch aufgebauten) Theorie auf. Doch das wurde erst Ende des 19. Jh. in der Mengenlehre entdeckt. Den Mengenbegriff führte Friedrich Ludwig Gottlob Frege (1848 - 1925) ein. Georg Cantor (1845 - 1918) vertiefte ihn um 1870 zur „naiven“ Mengenlehre. 1901 teilte Bertrand Arthur William, 3. Earl Russel (1872 - 1970), in einem Brief an Frege die Antinomie mit: *„Die Menge R enthält sich selbst als Element und die Menge R enthält sich nicht selbst als Element.“* Frege schloss gerade zu diesem Zeitpunkt den 2. Band seines Hauptwerkes „Grundgesetze der Arithmetik“ (1893 - 1903) ab und konnte daher diesen Fakt gerade noch im Vorwort wie folgt berücksichtigen:

> *„Einem wissenschaftlichen Schriftsteller kann kaum etwas Unerwünschteres begegnen, als dass ihm nach Vollendung seiner Arbeit eine der Grundlagen seines Baues erschüttert werden. In diese Lage wurde ich durch den Brief des Herrn Bertrand Russel versetzt, als der Druck dieses Bandes sich seinem Ende näherte.“*

Schließlich forderte David Hilbert (1862 - 1943) auf dem Mathematik-Kongress von 1900 die vollständige Axiomatisierung aller mathematischen Theorien. Äußerst schwerwiegend war dann im Sommer 1930 die Erkenntnis des damals 24-jährigen, promovierten Kurt Gödel (1906 - 1978). Der von ihm bewiesene ***Unvollständigkeitssatz*** beweist, dass es keine Theorie geben kann, welche die elementare Arithmetik umfasst und für die folgende Eigenschaften beweisbar ist: 1. *endlich beschreibbar, 2. in sich widerspruchsfrei und 3. vollständig.*

Eine **Axiomatik** (Grie. *axíōma* lateinisch *axioma* Wertschätzung Würdigung; Würde, Ansehen, Forderung) besteht aus zwei Festlegungen (**Bild 17**):

1. Die **Axiome** müssen unmittelbar so einleuchtend sein, dass kein Hinterfragen oder gar Beweisen erforderlich erscheint. Sie müssen logisch unabhängig sein und entsprechen statischen Festlegungen **„❑“**.
2. Die **Regeln** sollen möglichst einfach sein und dürfen zu keinen Widersprüchen führen. Sie sind dagegen dynamisch (zeitlich) „✈“.

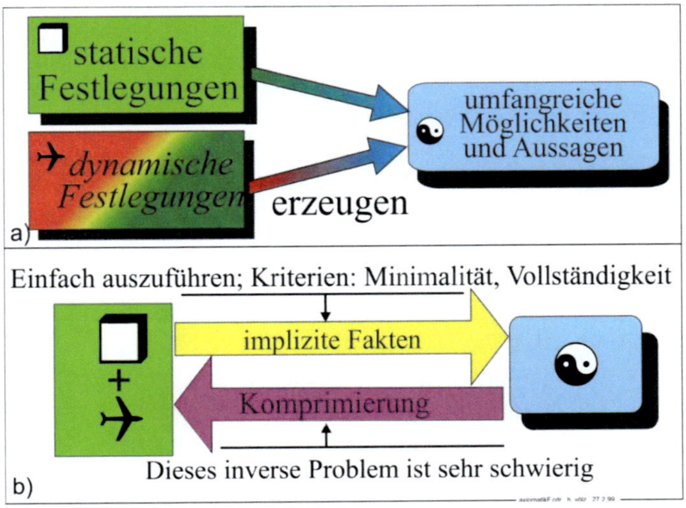

Bild17*. Prinzip und Wirkungsweise der Axiomatik*

Mit beiden werden dann deutlich umfangreichere Aussagen abgeleitet. Dabei sind für Ausgangsdaten ***Minimalität***, geringe Komplexität und ***Vollständigkeit*** gewünscht. Außerdem soll für alle bekannten und auch für zusätzliche Zusammenhänge W***iderspruchsfreiheit*** und

Unabhängigkeit existieren. Infolge der sehr hohen Verdichtung und komplexen Ableitungen wird sehr viel erfasst und beschrieben. Der Mensch kann daher das Axiom-System **„☯"** oft nicht vollständig erkennen. Dazu muss alles erst „ausgewickelt" werden. So ersetzen wenige Axiome viele (auch abstrakte) Zeichen-Objekt-Beziehungen. Zwei typische Beispiele sind die **Euklidische Geometrie** und die **Relativitätstheorie** Einsteins.

Insgesamt gilt aber dennoch die Logik mit der Ja/Nein-Entscheidung weiterhin als besonders wichtige Grundlage für wissenschaftliche Fragen und Aussagen. Aber zur Entscheidung über die Gültigkeit von Aussagen, Theorien usw. entstanden nacheinander drei Methoden:

Bereits im 16. Jh. entwickelte Francis Bacon (1561 - 1626) die **Verifikation**. (Latein *verificare* von *verus* wahr, richtig und *facere* machen). Sie ist ein strenger *Beweis*, geht von Hypothesen aus, die anschließend durch gewonnene Erkenntnisse bestätigt werden. Es stellte sich aber mehrfach heraus, dass eine wissenschaftliche Theorie weder aus der Erfahrung logisch ableitbar noch durch Erfahrung verifizierbar ist. Weil hierbei aber oft Abgrenzungen schwierig zu finden sind, kämpfte Abert Einstein (1879 – 1955) gegen die Verifikation kleiner Effekte. Ihm war der innere Zusammenhang der Grundannahmen wichtiger. Er behauptete sogar, dass es immer Experimente geben wird, die von der Theorie Abweichendes aussagen und trotzdem der Theorie nicht zu widersprechen brauchen.

1934 zeigte Sir Karl Raimund Popper (1902 - 1994), dass unser gesamtes Wissen aus Hypothesen besteht, deren Wahrheit nie sicher ist. Es besteht vorwiegend aus *All-Sätzen*, die immer und überall gelten sollen. Uns sind aber nur *endlich viele* Beobachtungen möglich. Daher führte er zusätzlich zur Bewährung die **Falsifikation** ein (Latein *falsus* unbegründet, grundlos, irrig, falsch). Dabei genügt dann *ein Gegenbeispiel*, um die entsprechenden Aussagen als ungültig zu erklären. Dennoch werden in der üblichen Praxis die Hypothesen zuweilen weiter benutzt.

1962 führte Thomas Samuel Kuhn (1922 - 1996) den Begriff **Paradigma** ein (Griech. *paradigma*, Beispiel, Vorbild, Verweis, Beweis, Urbild, Modell oder mustergültiges Beispiel). In der aktuellen Wissenschaft werden *vorherrschende Hypothesen/Theorien* als gültig anerkannt. Sie können sich aber irgendwann als fehlerhaft herausstellen. Dann tritt ein Paradigmenwechsel zu neuen Hypothesen ein. Er nennt das eine wissenschaftliche Revolution.

Ein dazu passender Übergang trat verspätet für die besonders große wissenschaftliche Leistung von Ludwig Boltzmann (1844 – 1906) ein. Zu seiner Zeit wurde von den meisten Physikern aus zwei Gründen seine Theorie stark kritisiert. Einmal galt die Atom-Annahme als unbegründet, teilweise sogar als falsch: „*Hat denn schon jemand ein Atom gesehen?*" Das galt sogar, obwohl sie in der Chemie durch John Dalton (1766 – 1844) für die Stöchiometrie eingeführt und generell sehr erfolgreich benutzt wurde. Der zweite Widerspruch kam vor allem von den Physikern Mach, Ostwald, Poincaré und Zermelo und betraf die statistische Irreversibilität sowie die Ableitung des 2. Hauptsatzes aus reversiblen Mikrozuständen. Das trieb Boltzmann schließlich am 5.9.1906 in den Freitod. Hierzu stellte Max Karl Ernst Ludwig Planck (1858 – 1947) später fest, dass sich eine neue wissenschaftliche Wahrheit

> *„normalerweise nicht in der Weise durchzusetzen pflegt, dass ihre Gegner überzeugt werden und sich als belehrt erklären, sondern vielmehr dadurch, dass die Gegner allmählich aussterben und dass die heranwachsende Generation von vornherein mit der Wahrheit vertraut gemacht wird."*

Insgesamt haben die Fehler der mathematischen Darstellungen auch Folgen bezüglich der Realität. Dennoch wird fast immer fälschlich behauptet, dass Teile des Geschehens der Realität mittels der Mathematik ***exakt*** beschrieben werden können.

Bei der ***Digitaltechnik*** ist es üblich, sogenannte **0**- und **1**-Signale wie Ja/Nein-Entscheidungen zu verwenden. Doch bei ihnen entstehen notwendig Fehler. Sie werden durch die immer vorhandene thermodynamische Energie bewirkt und führen daher zu unvermeidbaren Fehlerraten. Somit ermöglichen sie eigentlich keine exakte Ja/Nein-Entscheidung. Deshalb muss die digitale **0/1-Technik** deutlich von der klassischen **Logik unterschieden** werden. Bei der Bandbreite *B in Hz,* der absoluten Temperatur *T* in K und der Boltzmann-Konstante $k = 1{,}38\ldots \cdot 10^{-23}$ Ws/grd ergibt sich die Rauschleistung $P_r = T \cdot B$. An einem Arbeitswiderstand *R* entsteht dadurch die gemittelte Rausch-Spannung

$$\overline{U}_r = \sqrt{P_r \cdot R} = \sqrt{k \cdot T \cdot B \cdot R}\,.$$

Sie ist bei jeder Schaltung am Ein- und Ausgang überlagert. Durch das kosmische Rauschen und die heute üblich vielen Rundfunk-/Fernsehsender, Mobiltelefone, elektrischen Geräte usw. wird diese Störung noch zusätzlich erhöht. Daher existieren nicht exakte 0,000…- bzw. 1,000…-Signale. Sie sind mit dem Rauschen überlagert. In einem beachtlichen Umfang können Fehler aber durch genau festgelegte ***0***- und ***1-Bereiche*** (im Beispiel für TTL-Schaltungen) weitgehend vermieden werden, **Bild 18**. Entsprechend der Glockenkurve von Bild 13 entstehen jedoch mehr oder weniger umfangreiche (rot gezeichnete) Restschwänze jenseits der festgelegten **0**- und **1**-Bereiche. Sie unterlaufen die eindeutige Zuordnung und bewirken so digitale Fehler. Lediglich die Werte unter 0 und über 5Volt (schwarz) können durch Begrenzung dem **0**- bzw. **1**-Bereich zugewiesen werden. Dennoch ist nie eine absolut fehlerfreie digitale Übertragung oder Speicherung sowie Ja/Nein-Entscheidung möglich und es entsteht eine ***Fehlerrate***, die sehr klein sein kann. Aber selbst eine zusätzliche Fehlerkorrektur kann sie nicht zu Null machen. Dadurch sind alle Anwendungen der digitalen Rechentechnik mit einer Fehlerrate unsicher! Deshalb entspricht die Digitaltechnik nie exakt einer logischen Entscheidung und es besteht die Gefahr, dass ***Fehlentscheidungen*** getroffen werden. Dennoch wird häufig fälschlich behauptet, dass Teile des Geschehens in der Realität mittels der Mathematik ***exakt*** beschrieben werden können und der Unterschied findet leider so gut wie nie Beachtung. Gewiss wäre eine Angabe der Fehlerrate jedoch sehr nützlich.

Wegen der genannten Probleme wurde 1965 von Lotfi A. Zadeh (1921 – 2017) die Fuzzy-Logik eingeführt. Sie ermöglicht deutliche Verbesserungen für Entscheidungen. Bei ihr werden für die Eigenschaften Fuzzy-Mengen als Wahrscheinlichkeitsbereiche festgelegt. So entstehen unscharfe Begriffe, die den umgangssprachlichen ähnlich sind, z. B. hoher Druck, verkehrsgünstige Lage, hohe Wohnqualität usw. Ein attraktiver Mann könnte etwa durch normalgewichtig, groß, charmant, potent, gutsituiert usw. beschrieben werden. Für eine Fuzzy-Aussage kann auch ein einzelner, zu geringer Wert durch einen anderen, größeren ausgeglichen werden. 1975 schlug hierfür Zadeh linguistische, auch umgangssprachliche Variablen vor. Fuzzi-Aussagen sind also quasisprachlichen Aussagen recht ähnlich und entsprechen in etwa dem Sowohl-als-auch (*verbotenes Drittes* in Bild 18 rechts). Obwohl Fuzzi-Entscheidungen recht gut unserem komplexen Leben entsprechen, werden sie extrem selten benutzt.

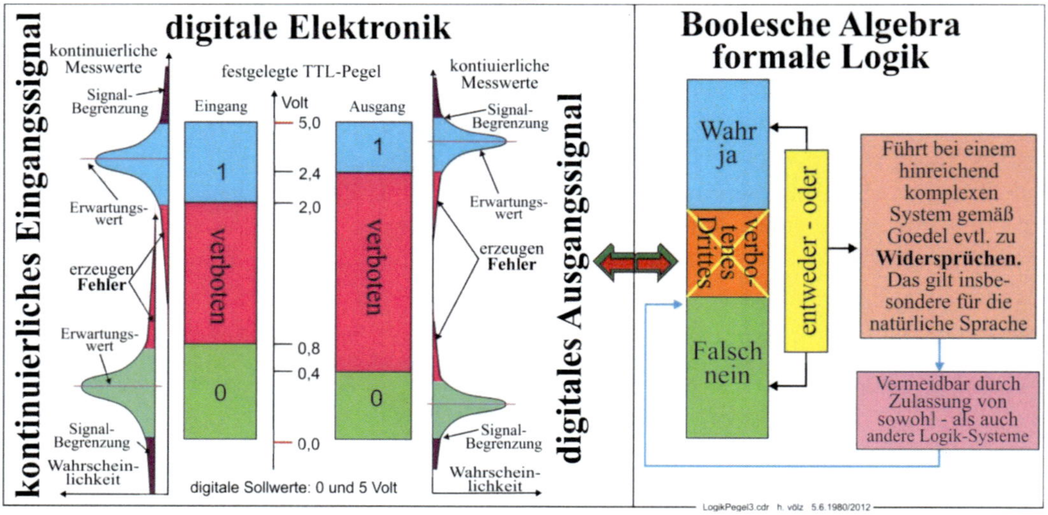

Bild 18. *Festlegung für die elektronische TTL-Logik-Pegel und ein Vergleich mit der Logik*

Neben den bisher geschilderten Problemen bei ***wissenschaftlichen*** Untersuchungen treten noch weitere ***Unsicherheiten*** auf. In meinen Publikationen habe ich ab etwa 2014 schrittweise versucht, das an verschiedenen Beispielen aufzuzeigen. Daher möge hier ein einfacher Überblich genügen. In beachtlich vielen Publikationen werden z. B. zentrale Begriffe nicht definiert, sondern fast nur intuitiv benutzt. Fast immer geschieht das bei ***Information***, s. u. a. [Sch18]. Recht oft wird auch nicht genannt, welche Objekte, Eigenschaften, Grenzen usw. in die Betrachtung einbezogen werden oder auch nur wie viele es sind. Stattdessen werden Benennungen wie ***Alle, Immer, Überall, Unendlich, Keine, Null, Nichts*** usw. benutzt, vgl. Begriff Ständigkeit. Das gilt ähnlich für ***am größten, kleinsten*** usw. Bei der Verwendung von gespeicherten Daten wird meist deren begrenzter Umfang bzgl. der Vergangenheit vergessen. Ähnliches gilt für Fehlerwerte, wie die Streuung σ.

Schließlich ist auch zu beachten, dass im Prinzip „Alles mit Allem zusammenhängt", denn es gibt nur eine Realität. Ihr Anfang und Ende sind (falls sie wirklich existieren) unbestimmt und wissenschaftlich wohl nicht zu be- oder ergründen. Doch diese Frage führt zum unlösbaren ***circulus vitiosus*** (Zirkelschluss bzw. Teufelskreis). Insgesamt ist dennoch die anfangs gestellte Frage. ob der Mensch die Realität erkennen kann, hier einigermaßen positiv innerhalb gegebener Grenzen beantwortet. Doch wozu das nützlich, zweckmäßig ist, bleibt offen. Hierzu hatte allgemeiner bereits 1845 Karl Marx (1818 – 1883) im Anhang mit der 11. Feuerbachthese festgestellt:

„*Die Philosophen haben die Welt* (Realität H. V.) *nur verschieden interpretiert; es kommt aber darauf an, sie zu verändern*"

Doch für absichtliche Veränderungen sind auch Ziele erwünscht bis notwendig und darauf sei im Folgenden eingegangen.

Bedürfnisse und Emotionen

Ursprünglich war die Evolutionstheorie nur auf Lebewesen bezogen [Dar86]. Heute wird sie für die Entwicklung der gesamten Realität als gültig angenommen. Zumindest solange kein

Leben entstanden ist, können dabei nur physikalisch-chemische Gesetze wirksam werden. Hierzu könnte gefragt werden: Wozu ist die Realität da? Wie oder gar wodurch entstand sie oder auch von was oder wem wurde sie geschaffen? Es ist sehr unwahrscheinlich, dass es hierauf gültige Antworten geben kann. Aber wenn dann irgendwie das Leben entstanden ist, kann es aktiv in das Gesamtgeschehen eingreifen und zwar möglichst zum eigenen oder gemeinschaftlichen Vorteil einzelner oder aller Lebewesen. Das geschieht aber zunächst weitgehend zufällig und wird hauptsächlich über die verstärkte Verbreitung einzelner Arten entschieden. Erst recht spät entstand dabei der Mensch und konnte dann erheblich mit seinem Bewusstsein und daraus folgend mit seinem Handeln gezielt in die Entwicklung eingreifen. Dabei erkannte und erkennt er immer genauer die Realität, entwickelt u. a Werkzeuge und es entsteht auch die Sprache. So können mehr oder weniger bewusst Ziele für die Weiterentwicklung abgeleitet werden. Vieles, was hierbei geschieht, ist und wurde bisher mittelbar durch die Evolution irgendwie ausgewählt. Es ist dabei recht erheblich genetisch festgelegt; beim Menschen entstehen so u. a. verschiedene (genetisch bedingte und damit erheblich fixierte) Charaktereigenschaften. Bei der Weiterentwicklung können sich deshalb auch im Prinzip die Charaktere und folglich die Leistungen und Ziele verändern. Entsprechend der kleinen Fehlerrate bei der Evolution erfolgen diese Entwicklungen extrem langsam (s. o. über Jahrtausende) und sind daher kaum vorauszusehen. Ein typischer Teil der so auftretenden Entwicklung bei einem Menschen ist stark vereinfacht in **Bild 19** schematisiert. Für die Realität (links) sind die Gegebenheiten gemäß Bild 11 benutzt. Hier sind auch die anderen beobachtbaren und beeinflussbaren Menschen ergänzt. Das Ich ist für andere (Externe) nur teilweise zugänglich und deshalb in drei Abschnitte (Ebenen) eingeteilt, vgl. [Völ76] und [Völ21]. Gemäß der **Ebene 1** wirken wir auf die *Umwelt und andere Men*schen ein. Diese Vorgänge sind für Externe gut zu beobachten. In der **Ebene 3** (unten rechts, grün-blau) beobachten wir die Realität und die anderen Menschen. Dabei kann u. a; Neues, sogar mit zusätzlicher Technik, wahrgenommen werden. Entsprechend unseren Sinnen und dem Gedächtnis wird aber immer nur eine Auswahl (gefiltert) weitergeleitet. Daraus können meist Motive, Bedürfnisse und Ziele gefolgert werden. Sie können einen Willen zum Handeln auslösen. Außerdem entsteht so etwas wie ein Realitätsmodell, durch das der Wille verstärkt werden kann. Doch letztlich entstehen ***Emotionen*** (Latein *motio, movere, motum* bewegen, erregen, erschüttern; *emover*e hinaus, wegschaffen, entfernen, erschüttern). Sie verstärken oder schwächen das Handeln. Zuweilen werden sie auch mit Gefühl gleichgesetzt, das zumindest umgangssprachlich wie Empfindung, Feeling, Flair, Gespür, Instinkt und Spürsinn benutzt wird und so auch etwa den ***Bedürfnissen*** entspricht. Durch all diese Prozessen kann bestenfalls nur der handelnde Mensch selbst etwas erfahren, z. B. durch Tränen und Freude, Erröten und Erblassen sowie Ausdrucksbewegungen (u. a. Minen, Gesten) sowie messbare Größen, wie Herzschlag und EKG. Wenn ein Mensch handelt, dann geschieht das in der **Ebene 2** und das können relativ leicht Externe erfahren.

Jegliches Leben und insbesondere die Menschen haben vielfältige ***Bedürfnisse***, um deren Befriedigung sie meist umfangreich bemüht sind [Wiki1]. Teilweise werden sie durch Neigungen, Triebe, Instinkte und Motivation erzeugt. So gehört bei Tieren ein S**pielen** zum Vergnügen: Makakenkinder spielen mit Schneebällen; Raben lassen sich wieder und wieder Schneehänge heruntergleiten; Eisbären balgen sich aus Jux und Tollerei mit Schlittenhunden und lassen abgelegte Autoreifen um die Tatzen kreisen. Auf verschiedene Art trainieren sie so per Spaß am Spiel zugleich ihre Kräfte, ihr Reaktionsvermögen, Jagdgeschick und sozialen Fähigkeiten. Wenn unsere Bedürfnisse konkrete Objekte betreffen, wird häufig von *Bedarf* gesprochen. Sind dafür Gelder erforderlich, so ergibt sich eine *Nachfrage*. Treten bei der

Erfüllung der Bedürfnisse Probleme oder Mängel auf, dann entstehen negative Gefühle, Emotionen, wie Unzufriedenheit, Sorgen, Leid und Trauer. Bei guter Erfüllung werden dagegen positive Einstellungen, wie Freude, Heiterkeit, Glück und Stolz bewirkt, aber auch Zufriedenheit empfunden. Je nach der empfundenen Dringlichkeit und Auswirkung können die menschlichen Bedürfnisse in vier Klassen eingeteilt werden:

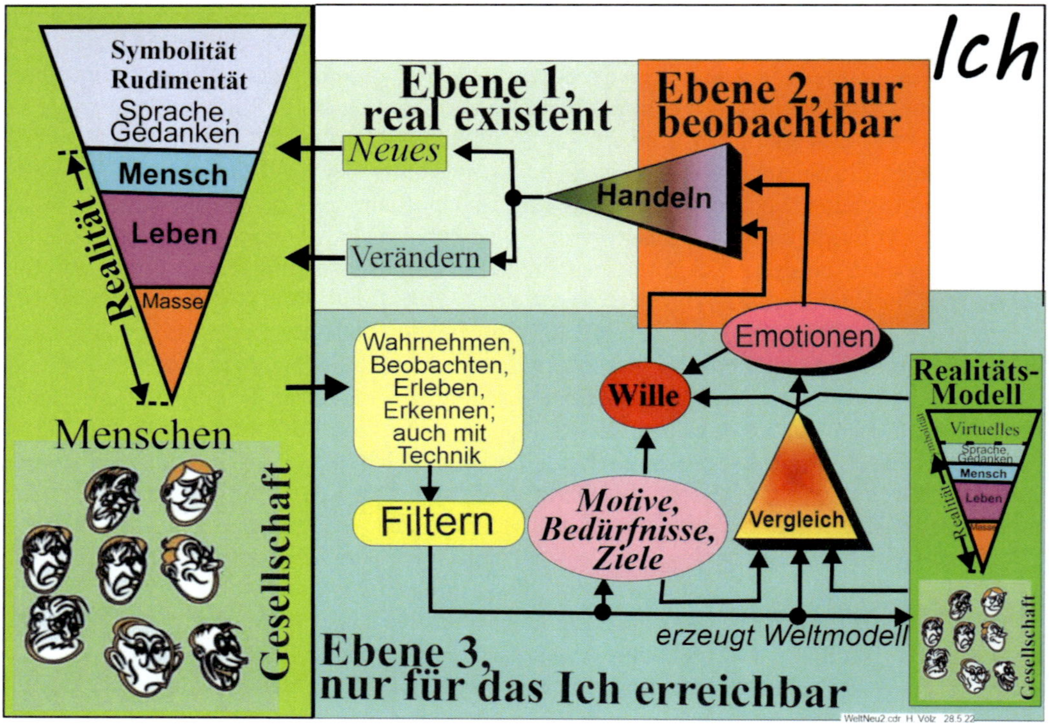

Bild 19. *Zum Zusammenwirken des Menschen mit der Realität, wobei die erlebten Emotionen eng mit den Bedürfnissen verknüpft sind*

- **Grundbedürfnisse** betreffen unsere Gesundheit und verlangen dafür saubere Luft, gesundes Wasser, Schlaf und Entspannung (zur Erholung, Ruhe, Muße, Geborgenheit und Freiheit). Weiter sind gesunde Nahrung, Wärme (Kleidung), Bewegung und bei Krankheit Heilung sowie bei Bedarf Pflege erforderlich. Beim Wohnen sollte eine Privatsphäre für Innenschau, Selbstreflexion existieren. Fener sollten Energiezugriff und technische Hilfsmittel möglich sein. Die Gesellschaft muss Sicherheit, Orientierung, konsistente Freiheit und Selbstbestimmung ermöglichen und zumindest hinreichende Grundausbildung garantieren.

- **Existenzbedürfnisse** müssen auch bei Mangel und in der Not noch realisierbar erscheinen oder selbst bei Strafe noch gewährt werden, z. B. ausreichende Nahrung und Wasser, Luft, Kleidung, Wohnraum, Arbeit und Medikamente.

- **Luxusbedürfnisse** umfassen die Bedürfnisse nach luxuriösen Gütern (Schmuck, Auto Besitz usw.) und Dienstleistungen, die meist auch anderweitig Not, Leid und Umweltfrevel hervorrufen. Eine ***obere Grenze*** derartiger **Begierden** (Begehrnisse) ist hierbei nicht vorhanden! (s. u. Haben)

- **Kulturbedürfnisse** betreffen Bildung und Kultur (Ästhetik, kreativer Ausdruck, Feiern, Herstellen innerer Konsistenz, Bildung).

Ausschließlich beim obigen Kulturbedürfnis wird auch die Bildung berücksichtigt, allerdings ohne auf die *„Allgemeine* ***Erklärung der Menschenrechte***" vom 10.12.1948 zu verweisen. In ihrem Artikel 26112 steht aber auch, was allzu oft nicht eingehalten wird:

1. Jeder hat das Recht auf Bildung. Die Bildung ist unentgeltlich, zum Mindesten der Grundschulunterricht und die grundlegende Bildung. Der Grundschulunterricht ist obligatorisch. Fach- und Berufsschulunterricht müssen allgemein verfügbar gemacht werden, und der Hochschulunterricht muss allen gleichermaßen entsprechend ihren Fähigkeiten offenstehen.
2. Die Bildung muss auf die volle Entfaltung der menschlichen Persönlichkeit und auf die Stärkung der Achtung vor den Menschenrechten und Grundfreiheiten gerichtet sein. Sie muss zu Verständnis, Toleranz und Freundschaft zwischen allen Nationen und allen rassischen oder religiösen Gruppen beitragen und der Tätigkeit der Vereinten Nationen für die Wahrung des Friedens förderlich sein.

Bei der üblichen (aber vollständigen) Einteilung fällt weiter auf, dass **typisch menschliche** Bedürfnisse bestenfalls andeutungsweise bei den Kulturbedürfnissen vorkommen. So fehlen u. a. Güte, Liebe Lust, Leid, Intimität, Wohlwollen, Vertrauen, Zuwendung, Partnerbindung (Ehe), Nachwuchs, Fürsorge und Respekt sowie Gemeinsames, wie Kommunikation, Geselligkeit und Zugehörigkeit zu einer Gruppe, aber auch Kunst und Literatur, Musik und Gemälde. sowie Ärger bis Wut über Lügen, Ungerechtes, Kriminelles, Krieg usw.

Die meisten Bedürfnisse sind individuell unterschiedlich stark ausgeprägt, was beträchtlich durch den **Charakter** beeinflusst wird. Das wurde schon in der Antike mittels *Charaktertypen* für die jeweils typische Ausprägungen der Persönlichkeit verwendet. Sie werden weitgehend durch angeborene Eigenschaften der *körperlichen und seelischen Verfassung* des Einzelnen bestimmt. Zuweilen werden dafür auch die Begriffe wie *Gemüt und Gemütsart* verwendet. Die frühe ***Temperamentenlehre*** verwendete die vier Elemente des Empedokles und die hippokratische Humoralpathologie. Sie unterscheidet **Melancholiker, Choleriker, Sanguiniker und Phlegmatiker** und wurde bis in die Neuzeit verwendet, u. a. durch Immanuel Kant (1724 – 1804) und Wilhelm Max Wundt (1832 – 1920). Sie war Vorläufer der Psychosomatik und betraf die „Seele" als das belebende Element des Körpers. Heute werden fünf Einteilungen bevorzugt, u. a. [Fro64]:

1. ***narzisstischer Charakter:*** typische Abwehrmechanismen: Spaltung, Entwertung, Idealisierung, Verleugnung, projektive Identifikation. Es besteht ein übersteigertes Machtbedürfnis, hohes Selbstwertgefühl und die Entwertung anderer Menschen
2. **schizoider Charakter:** typisch Abwehrmechanismen: Sublimierung, Rationalisierung, Intellektualisierung, Affektisolierung. Er hat Distanzbedürfnis und Angst vor Nähe
3. **depressiver Charakter:** typisch sind Abwehrmechanismen: Autoaggressionen, Reaktionsbildungen und Introjektionen. Sie sind abhängig von anderen Menschen, besitzen Minderwertigkeitsideen und -gefühle sowie erhebliche Passivität.

4. **zwanghafter Charakter**, typische Eigenschaften sind: Abwehrmechanismen: Reaktionsbildung, Rationalisierung, Affektisolierung. Kontrollbedürfnis, Sparsamkeit und Eigensinn
5. **hysterischer Charakter** typische Abwehrmechanismen: Verdrängung, Verleugnung, Konversion. Ihre Eigenschaften betreffen hauptsächlich Geltungsbedürfnis, sexualisiertes Verhalten und Angst vor Sexualität

Erich Fromm (1900 – 1980) verwendet zunächst ein Phasenmodell mit den Eigenschaften narzisstisch, oral-rezeptiv, hortend, ausbeuterisch und nekrophil [Fro64]. Nach den 50er Jahren engte er es auf zwei sich widersprechende Charaktere ein, nämlich **Haben** und **Sein**, die leider nicht einfach zu erklären sind [Fro76]. Der Habentyp will als „Ich" alles nur Mögliche und sogar mehr als alle anderen an Privateigentum besitzen (Latein privare berauben). So besitzen in mehreren Ländern zwei Reiche so viel wie die gesamte Hälfte der Bevölkerung. Um ihr Ziel zu erreichen, sind ihnen jede Lüge und jeder Betrug, ja sogar Krieg recht. Das wird quasi zu einer Sucht. die infolge des wachsenden Fortschritts und neuer Möglichkeiten nie vollauf befriedigt werden kann. Vielmehr wird fortlaufend neuer, zusätzlicher Luxus verlangt.

Der Seintyp will dagegen das Beste für die gesamte Menschheit. Besonders anschaulich – wenn auch extrem speziell – macht Fromm beide Extreme u. a. an den Beispielen von und *Wissen* deutlich. Der Habentyp hat sein Wissen sehr mühevoll erworben und verteidigt es auch immer noch dann, wenn er schon weiß, dass es falsch ist. Der Seintyp sucht dagegen immer den aktuell gültigen Stand zu erwerben, lernt deshalb schnell alles Neue dazu und nutzt es auch. Wenn bei „Liebe" ein Partner den andere voll vereinnahmt und nur alles für sich ordnet, dann ist es ein Habentyp. Erleben dagegen beide etwa das Gleiche mit Freude, so gewinnen sie gemeinsam etwas und gehören zum Seintyp.

Vor allem gehören die meisten Superreichen zum Habentyp. Mehrere von ihnen hätten – um ihren Besitz und ihr Vermögen selbst zu erarbeiten – 60 Jahre lang bei einem 10-Stundentag täglich etwa 50 000 000 € oder je Sekunde 200 € fortlaufend „erschaffen" müssen. Ferner müsste er dazu viele andere für sich beträchtlich ausgenutzt (versklavt) haben. Denn allein der technische Fortschritt (im Sinne der Evolution) dürfte nicht ausreichen. Das betont indirekt auch Fromm [Fro76], S. 13:

> *„Zwar hatte die menschliche Zivilisation mit der aktiven Beherrschung der Natur durch den Menschen begonnen, aber dieser Herrschaft waren bis zum Beginn des Industriezeitalters Grenzen gesetzt. Von der Ersetzung der menschlichen und tierischen Körperkraft durch mechanische und später nukleare Energie bis zur Ablösung des menschlichen Verstandes durch den Computer bestärkte uns der industrielle Fortschritt in dem* ***Glauben*** *(fett H. V.), auf dem Wege zu unbegrenzter Produktion und damit auch zu unbegrenztem Konsum zu sein, durch Technik allmächtig und durch Wissenschaft allwissend zu werden".*

Zwei Seiten weiter ergänzt er dann:

> *„Egoismus ist nicht bloß ein Aspekt meines Verhaltens, sondern meines Charakters. Er bedeutet, dass ich alles für mich haben möchte; dass nicht Teilen, sondern Besitzen, mir Vergnügen bereitet; dass ich immer habgieriger werden muss, denn wenn Haben mein Ziel ist, bin ich umso mehr, je mehr ich habe; dass ich allen anderen gegenüber feindselig bin - meinen Kunden gegenüber, die ich betrügen muss, meinen Konkurrenten, die ich ruinieren, meinen Arbeitern, die ich ausbeuten möchte. Ich*

kann nie zufrieden sein, denn meine Wünsche sind endlos. Ich muss jene beneiden, die mehr haben als ich, und mich vor jenen fürchten, die weniger haben. Aber alle diese Gefühle muss ich verdrängen, um (vor anderen und vor mir selbst) der lächelnde, vernünftige, ehrliche, freundliche Mensch zu sein, als der sich jedermann ausgibt. ... Solange jeder mehr haben will, müssen sich Klassen herausbilden, muss es Klassenkampf und, global gesehen, internationale Kriege geben."

Insgesamt dürfte so das Verhalten des Habentyps ähnlich wie die Klimaproblematik kein gutes Ende für die Menschheit bewirken. Es ist erstaunlich, wie solche Begehrnisse bereits in Grimms Märchen von der klugen Bauerstochter vorhanden sind und dann deutlicher von Carl Orff (1895 – 1982) in seine Oper „Die Kluge" übernommen wurden: Der Bauer hat beim Pflügen einen goldenen Mörser gefunden und bringt ihn ordnungsgemäß dem König. Doch der verlangt dazu auch den Stößel, den der Bauer aber nicht fand. So sperrt er ihn in den Turm. Im folgenden Zwischenspiel erscheinen dann – ähnlich wie bei Shakespeare üblich – drei lustige Burschen mit dem nebenstehenden Text. Genau nur dieser Text wurde auch seinerzeit verboten!

Ein Bursche für sich selbst deklarierend:

Wer viel hat, der hat nie genug!
Wer viel hat, der hat nie genug!

Alle drei Burschen antworten im Chor laut singend:

Denn wer viel hat,
hat auch die Macht,
und wer die Macht hat,
hat das Recht;
und wer das Recht hat,
beugt es auch,
denn über allem herrscht Gewalt.

Es sei noch ergänzt, dass es auch stufenweise Übergänge von den Grundbedürfnissen zu den Begehrnissen gibt, z. B. für sorgfältig ausgewählte und umfangreiche Feinschmeckergerichte, edle Getränke, Bekleidung usw. Beispiele sind auch die Übergänge: von Wohnung zu Haus, Schloss, Burg, Palast, Privatflugzeug usw. Hierbei wird aber bereits die ***Zurschaustellung*** seines Besitzes vom Habentyps, einschließlich seines großen Machtanspruches, deutlich sichtbar. Boch deutlicher geschieht dies durch hochrangige ***Leitungsaufgaben*** vom kleinen Zeichen- oder Skatclub über gewisse Parteivorsitzende, Regierungsmitglieder usw. bis zum möglichen Weltvorstand.

Jeder lebt nur eine endliche Zeit. Deshalb bemühen sich Menschen oft ihre Ergebnisse besonders zu gestalten, um erreichen, dass sie überleben. Möglichst sollen sie nicht nur für ihre Kinder, Enkel usw., sondern für die gesamten Nachwelt und sogar für alle Ewigkeit als hervorragend gelten. Dabei ist ihr allerhöchstes Ziel, für alle Staaten, Länder und Erdteile machthabend zuständig gewesen zu sein. Da aber Mensen sehr unterschiedliche eigene Ziele, Wünschen usw. verfolgen, muss der Habentyp den dafür ausreichenden Lug und Trug, durch falsche Versprechen und letztlich auch durch Krieg realisieren. Beim Gewinn **„kriegt"** er dann zusätzliche „Arbeitssklaven", Rohstoffe, Energien, Länder, Erdteile, usw. Aber Kriege bedeuten meist sehr viele Tote, die beim Sieger nachträglich (quasi zynisch) als Helden ausgezeichnet werden. So wird versucht, das unbeschreibliche Leid der Angehörigen von Toten und Krüppeln auszublenden. An diesen Entwicklungen ist erstaunlich, dass im Gegensatz zu allen Tieren nur die Menschheit dies bis heute nicht ganz vermeiden kann (s. u.). Das ist ein Hauptgrund für die kommende **Klimakatastrophe** – u. a. mit Temperaturanstieg, Eisschmelze, Überschwemmungen, Orkanen, Wasserarmut, Militärausgaben und vieles andere mehr. So steht uns als Folge ein Weltuntergang bevor, den die Menschheit wohl nicht überleben wird. Dann würde aber auch der Habentyp mit aussterben, der auch durch seine weit überhöhten Ansprüche und seine falschen Handlungen für Klimakatastrophe verantwortlich war und ist. Infolge seiner hohen Ansprüche wird es ihm sogar schwerer fallen. Danach könnte dann vielleicht eine „bessere Art Mensch“ entstehen. Hierauf wird später noch einzugehen sein.

Geheimnisse, Lügen, Kriege

Geheimnisse gibt es in zwei sehr unterschiedlichen Varianten:

1. **Geheimnisse** z. B. als Rätsel und Nichtwissen. erfreuliche Überraschungen für Freunde, wissenschaftlich noch nicht erkundete oder (prinzipiell) unerklärbare Fakten und Erscheinungen. Ein jüdisches Sprichwort dazu lautet:

> Jede Frau hat ein süßes Geheimnis
> von dem niemand, nur sie, etwas weiß,
> denn das zarte, geliebte Geheimnis,
> das verrät sie um gar keinen Preis!
> Oftmals verschenkt sie ihr Herz und noch mehr
> doch ihr Geheimnis, das gibt sie nicht her.
> Jede Frau hat ein süßes Geheimnis,
> oft ganz klein, doch's gehört ihr allein!

„*Es gibt Geheimnisse, von denen man nichts wüsste, wenn sie keine Geheimnisse wären*“.

Dazu gehört auch der Titelschlager des Tonfilmes „Jede Frau hat ein süßes Geheimnis“ (1934), Komponist Grothe, Text (nebenstehend) von Ernst Marischka, gesungen von Heesters.

2. **Geheimhaltung** und **Geheimnisverrat** kommen hauptsächlich bei geplanten Vorteilen mehrerer Personen oder Gruppen zum Schaden für andere vor. Sie betreffen fast immer schändliche, kapitalistische bis kriminelle oder sogar kriegerische Absichten. Daher dürfen sie nicht entstehen, erlaubt oder gar ausgeführt werden. Das gilt damit auch weitgehend für die fast nur zu deren Schutz missbrauchte Kryptographie. Daher dürfte es auch keinen juristisch geregelten Geheimnisverrat mit Bestrafungen oder gar Folter geben. Das sprach bereits im 18. Jh. besonders deutlich u. a. Johann Gottfried Seume (1763 – 1810) in seinen Apokryphen (1, 415) aus:

> *Wo Geheimnisse* (im heutigen Sprachgebrauch Geheimhaltungen H. V.) *sind, fürchte ich Gaunerei. Die Wahrheit darf und kann vor Männern das Licht nicht scheuen. Es gibt keine Wahrheit, die man vor Vernünftigen verbergen müsse.*

Für die Geheimhaltung müssen deutlich sechs **Gruppen** unterschieden werden:

a) **Machtbessene, Eroberer, Kriegstreiber** usw. nutzen sie, um zu erreichen, dass ihre egoistischen Besitzwünsche, Begierden und/oder zerstörerischen Machtpläne nicht oder zumindest erst zu spät bekannt werden. Nicht selten werden dabei auch trickreiche **Lügen** bis zur Begründung von Angriffskriegen benutzt, s. u.
b) **Verbrecher** bereiten so ihre kriminellen Absichten gründlich vor. Bei deren Realisierung schrecken sie auch nicht vor härtesten Strafen zurück, besonders dann, wenn der mögliche Gewinn im Vergleich zum Risiko groß erscheint. Außerdem hoffen sie immer, dass ihnen später nichts zu beweisen ist.
c) **Spione** usw. sowie entsprechende **Geheim-Einrichtungen**.
d) **Erfinder, Kulturschaffende, Wissenschaftler, Entdecker** usw. Sie sollen hier nur bewirken, dass ihre Neuerungen, Erfindungen usw. ihnen zumindest als Anerkennung zugeschrieben werden und dafür bis dahin geschützt sind. Nur so lange ist hier eine

Geheimhaltung gerechtfertigt und gewährt dann die richtige Formulierung von Patenten (Urheberrecht) usw.

e) **Ängstliche Personen** versuchen so mögliche (private) Angriffspunkte (z. B. Nachteile, Schwächen) zu verstecken. Diese „Privatsphäre“ (postprivacy) ist jedoch deutlich besser geschützt, wenn die Betroffenen nichts davon sagen oder gar schriftlich fixieren. Das gilt ähnlich für PIN, Passwörter usw. Derartiges sollte nur im individuellen Gedächtnis gespeichert werden, eventuell mit Gedächtnisbrücken. Gewiss gibt es viele Gründe für eine individuelle geschützte Privatsphäre, zu der teilweise auch die Intimsphäre gezählt wird. Aber von beachtlich vielen, insbesondere jungen Menschen wird sie jedoch schon heutzutage leichtfertig selbst preisgegeben. Das ist u. a. bereits bei Facebook, Twitter, aber auch bei Google, StreetView usw., also in den sozialen Netzen deutlich zu erkennen. Hinzu kommt der oft leichtfertige Umgang mit Passwörtern, Emails usw. Was früher am Stammtisch blieb, wird so heute vielfach im öffentlichen Internet und auf Homepages preisgegeben. So entstand um das Jahr 2009 bei der Debatte bezüglich der Sozialen Netze der Begriff Post-Privacy, dem Sinne nach etwa: Was nach der Privatheit kommt. Vielleicht führt diese Entwicklung zu der großen Herausforderung eines neuen sozialen Miteinanders

f) **Personen**, die durch das ***Arzt-, Anwalts- oder Beichtgeheimnis*** zur Geheimhaltung verpflichtet sind. Das ist wohl notwendig (vgl. hierzu auch e).

Bei **a)** bis **c)** sollte jegliche Geheimhaltung und damit auch der Einsatz von Kryptografie **bei Strafe verboten** sein. Doch leider gilt auch hier nach Brecht „Die Verhältnisse sind nicht so“. Die Übeltäter werden immer wieder, selbst mit höchstem Aufwand, nach Wegen für ihre „schändlichen“ Ziele suchen. Berechtigt war gewiss die Geheimhaltung aller Arbeiten zur Entschlüsselung der Enigma im Blechtley Park ***während*** des letzten Weltkriegs. Aber musste danach Sir Winston Leonard Spencer Churchill (1874 – 1965) alles Wissen und alle Technik um den Colossus total vernichten und dann auch noch bis 1975 geheim halten lassen? Weiter sind bis heute weder der Flug von Rudolf Walter Heß (1894 – 1987) nach England (1941) noch die Akten zum Kennedy-Mord freigegeben. Im ähnlichen Zusammenhang weist z. B. Neirynck deutlich darauf hin [Nei94], dass Wernher Freiherr von Braun (1912 – 1977) die V2-Entwicklung im Hitlerkrieg zu verantworten hatte. Aber dennoch erhielt er mit seinen Gefährten problemlos die amerikanische Staatsangehörigkeit und konnte so weiterarbeiten, als ob nichts geschehen sei. Solche Doppel-Moral wird nicht selten von hoch kompetenten Verbrechern verwendet, die diese Kenntnisse oft nutzen. Erwähnt sei auch noch die „Aufwertung“ der „guten“ Spione und der entsprechenden Einrichtungen.

Mit der Evolution des Menschen entstand auch Gruppen, die sich als Konkurrenz gegenseitig vernichteten und das verstärkte schrittweise bis zu den gewaltigen Weltkriegen. So gut wie nie wurde dabei u. a. den vielen Zerstörungen oder gar den sehr zahlreichen Toten Beachtung geschenkt. Zynisch wurden sie von den Herrschern als Helden hervorgehoben. Schließlich kommen ja auch – wenn ein Krieg gewonnen wurde – nutzbarer Besitz und erbeutete wertvolle Güter ins Land. Am 4.11.1954 sagte Albert Schweitzer (1875 – 1965) bei seiner **Frieden**spreisverleihung dazu [Sch73]:

> *„Wagen wir die Dinge zu sehen, wie sie sind. Es hat sich ereignet, dass der Mensch ein Übermensch geworden ist. ... Er bringt die übermenschliche Vernünftigkeit, die dem Besitz übermenschlicher Macht entsprechen sollte, nicht auf. ... So sind wir schließlich Unmenschen geworden.“*

1932 hat Albert Einstein (1879 – 1955) aus Potsdam in einem Brief an Sigmund Freud (1856 – 1039) in Wien die Frage gestellt: „Gibt es einen Weg, die Menschen von dem Verhängnis des Krieges zu befreien?“ [Fre14]. Er hoffte auf Hinweise aus der Psychologie. Jedoch Freud beantwortete die Frage eher pessimistisch und meinte:

> „Interessenkonflikte unter den Menschen werden prinzipiell durch die Anwendung von Gewalt entschieden. So ist es auch im ganzen Tierreich. Krieg sei auch eine „triebhafte Neigung“, ein „angeborener Destruktions- und Todestrieb des Menschen“.

Er war eben ein Kind des hierarchisch österreichisch-ungarischen Kaiserreiches. (Weitere Details in : Neue Rheinische Zeitung: Online-Flyer vom 26.2.2014) Doch schon vorher hatte Kurt Tucholsky (1890 – 1935) das deutsche Militär mit „Soldaten sind Mörder“ beleidigt. Doch in einem Krieg ist Mord eben obligatorisch und Soldaten werden dafür hervorragend ausgebildet und in Manövern weiter belehrt. Doch schon 1940/41 schrieb Bertolt Brecht (1898 – 1956) in Finnland einen Dialog, in dem u. a. Ziffel zu Kalle sagt, [Bre61] Kapitel XV. S. 107:

> Kalle: T*atsächlich, wenn ich mirs überleg, sind die neueren Staaten die edelsten und feinsinnigsten Staaten, die je größere Kriege geführt haben. Früher hats immerhin den oder jenen Krieg gegeben, der aus Gewinnsucht geführt worden ist. Das hat ganz aufgehört. Wenn heut ein Staat eine fremde Kornkammer einverleibt haben möcht, sagt er entrüstet, dass er hinmuss, weil dort unredliche Besitzer sind oder Minister, die sich mit Stuten verheiraten, was das Menschengeschlecht herabsetzt. Kurz, keiner von den Staaten billigt seine eigenen Motive für einen Krieg, sondern er verabscheut sie und schaut sich nach andern, besseren um.*“

Erst seit geraumer Zeit werden der Krieg und die vielen negativen Folgen in der menschlichen Gesellschaft stärker negativ betont behandelt. Besonders umfangreich geschieht das z. B. im sehr ausführlichen Buch von Karl-Heinz Ott [Ott22]. Als typische Beispiele werden u. a. das Misstrauen in die heutige Demokratie, die umfangreiche Radikalisierung und autoritäre Staatsmodelle hervorgehoben. Dabei wird auch auf Mängel in der vorher nur positiv gesehenen Vergangenheit hingewiesen. Er meint sogar, dass die klassische Moderne bereits in vielen Punkten der heutigen Antimoderne ähnele. Leider fehlen jedoch die Ursachen oder ihr Bezug zu Ethik und Moral nahezu vollständig

Das erste Opfer eines Krieges ist immer die Wahrheit. Aufschlussreich ist dafür auch a. der o. g. wissenschaftliche Schriftwechsel zwischen Einstein und Freud. Sucht man im Internet unter dem Stichwort „***Kriegslügen***“, so erhält man weit über hundert Einträge, oft mit sehr vielen Details, auch über erlogene und ähnliche Begründungen für Angriffskriege. Ergänzend sei dazu auf das Interview vom Mai 2011 mit dem Wikileaks Gründer Julian Assange im TV-Sender RT verwiesen: Fast alle Kriege der jüngeren Zeit beruhen auf einem einfachen Schema: Aus geostrategischen, wirtschaftlichen oder politischen Interessen beschließen große Mächte (teilweise gemeinsam) einen Krieg. Durch die Geheimdienste und die gleichgeschalteten Massenmedien werden Falschinformationen und emotional aufgeladene Lügen in der ganzen Welt verbreitet, mit denen der Krieg in Bezug auf die Wahrung von Demokratie und Menschenrechte gerechtfertigt werden soll. Fast jeder Krieg der letzten 50 Jahre war eine Folge von Medien-Lügen. Wenn sie nicht staatliche Propaganda abgedruckt hätte, wären sie wahrscheinlich gestoppt worden. Hier nur wenige Beispiele:

1898: ***Spanisch-Amerikanischer-Krieg***: Die USA brachten das Kriegsschiff USS Maine in den Hafen des spanisch besetzen Havanna. Das Schiff explodierte und den Spaniern wurde der Abschuss unterstellt. Ein viermonatiger Krieg endete mit der US-Besetzung von Kuba, Puerto Rico, Guam und den Philippinen. Spanien verlor damit alle bedeutenden Kolonien. In den nächsten 20 Jahren folgen Honduras, Panama, Nicaragua, Dominikanische Republik und Haiti.
1941: Die ***Pearl-Habour***-Lüge wurde geboren, damit die USA gegen den Willen ihrer Bevölkerung einen Grund bekam, aktiv in das Kriegsgeschehen einzugreifen. Er endete mit dem Abwurf von zwei US-Atombomben auf Japan.
1961: ***Vietnamkrieg***: Erfundener Angriff nordvietnamesischer Boote auf ein US-Kriegsschiff: Aufgedeckt wurde die Täuschung durch die Veröffentlichung eines geheimen Pentagon-Berichtes.
1990: ***Brutkasten***-Lüge: Im Fernsehen gab sich eine Teenagerin als Hilfskrankenschwester aus und behauptete, irakische Soldaten hätten in kuwaitischen Krankenhäusern Säuglinge getötet, indem sie diese aus den Brutkästen gerissen und auf dem Boden zerschmettert hätten. Die Teenagerin stellte sich Jahre später als Tochter des kuwaitischen Botschafters in den USA heraus. Diese Kampagne kostete 10 Millionen US-Dollar.
2003: ***Irakkrieg***: Zu seiner Begründung wurde behauptet, man verfüge über geheimdienstliche Beweise, dass der Irak „Massenvernichtungswaffen" besitze.

Bereits diese geringe Auswahl zeigt deutlich auf die vielen Lügen bezüglich der Geheimhaltung und außerdem auf das Versagen der extrem teuren Geheimdienste. Dabei wird oft auch ein durchaus nicht bestehender Zusammenhang mit der Privatsphäre betont. Scheinheilig wird dann die Überwachung der Bevölkerung – 1angeblich zu deren Schutz – erweitert.

Wie extrem schwer der „Wille" zum Krieg zu verhindern ist und wohl auch künftig sein wird, das erlebte auch der Präsident der Vereinigten Staaten Thomas Woodrow Wilson (1856 – 1924). Nach anfänglicher Neutralität traten die Vereinigten Staaten während seiner zweiten Amtszeit 1917 in den Ersten Weltkrieg ein. Bei der Pariser Friedenskonferenz 1919 gehörte er dem Rat der Vier an. Weitgehend auf seine Initiative geht die Gründung des Völkerbundes zurück. 1919 wurde ihm der Friedensnobelpreis verliehen, obwohl er völlig verzweifelt sein Ziel, den Weltfrieden, aufgeben musste. Ausführlich ist das mit den vielen Hintergründen von Stefan Zweig (1881 - 1942) in [Zwe20], Teil 2.14 „Wilson versagt" beschrieben. Dennoch wurde und wird immer wieder und immer noch nach Lösungen gesucht. Jedoch die dafür üblichen, supergroßen Konferenzen an den schönsten Orten und den teuersten Stätten der Welt sehen mehr nach ***Polit-Tourismus*** als nach wirklich angestrebten Lösungen aus. Denn in den Beschlüssen kommen dabei – wie bei den Machthabern generell üblich – fast nur Konjunktive wie „sollte, könnte und müsste" vor.

Krieg bewirkte stets sehr viele (Menschen-) Opfer und gewaltige Schäden in der Realität. Daher wird er von den meisten Menschen intensiv abgelehnt, ja verdammt. Dennoch zeigt das Vorangehende, dass es ihn seit dem Entstehen des Menschen immer wieder gab und selbst auch heute noch immer irgendwo durchgeführt wird. Wie zuvor weiter gezeigt wurde und wie auch durch umfangreiche Beispiele zu belegen ist, haben sich viele Persönlichkeiten, Wissenschaftler, Künstler usw. deutlich gegen ihn ausgesprochen und vieles zu einer prinzipiellen Vermeidung beizutragen versucht. Dennoch findet er immer noch – zunächst von Lügen begründet – statt. Er erzeugt aber auch ***Kriegsgewinnler***, wie Generale und Offiziere, sowie mit (zu-) viel Macht ausgestatte Habencharaktere, Waffenproduzenten usw. Sie erlangen durch ihn beträchtliche Gewinne; erhalten so neue Arbeitssklaven, Land, Rohstoffe, Energie usw. Sie erhöhen auch ihren Gewinn mit Neuentwicklungen und der massenweisen Produktion von Kriegstechnik und Kriegsmaterial. Bei einem „guten" Staat wäre davon nur extrem viel weniger (U, a. für die Polizei) notwendig. Zusätzlich trägt ein Krieg mit seinen vielfältigen Sondermaßnahmen auch deutlich zum Fortschreiten der ***Klimakatastrophe*** bei, die schließlich auch selbst ohne Krieg ein Leben des Menschen auf der Erde einmal unmöglich machen wird. Zum „Glück" überleben das auch nicht das Militär, die Kriegstreiber und Machtmenschen. Sie werden so nur zu Totengräbern, die aber auch selbst nicht überleben werden. Sie werden jedoch die vorangehenden subjektiven Einschränkungen deutlich schwerer ertragen. Aber diese recht spezielle zynische „Schadensfreude" nutzt niemand. Durch die zusätzlichen Klimaänderungen könnte aber auch schneller eine neue und bessere Menschenart entstehen. In diese Richtung weisen schon jetzt, trotz des noch recht geringen Klimawandels, einige ***neu entstandene Tierarten*** hin. So gab die WWF (World Wide Fund For Nature) 2023 bekannt, dass 380 neue Tier- und Pflanzenarten entdeckt wurden, darunter auch mehrere Großtiere.

Hier stellt sich nun die Frage, ob es nicht durchführbare Lösungen gibt, die der heutigen Menschheit ein längeres und wahrscheinlich sicheres Leben ermöglichen können, selbst dann, wenn es prinzipiell nicht für die Ewigkeit sein kann. Jeder Mensch besitzt einen eigenen Charakter und fast jeder hat daher spezielle Wünsche und Ziele. Deshalb dürfte es nicht möglich sein, in einem einzigen Großstaat jedermanns Bedürfnisse zu befriedigen. Das verlangt eher eine große Vielfalt von kleinen Staaten mit speziellen Festlegungen. Wenn dann den Bürgern ein leichter Wechsel zu ihrem Wunschstaat möglich ist, ließen sich auch Kriege vermeiden. Bei einem eventuellen Streit zwischen zwei oder wenigen Staaten könnten die anderen dann Frieden bewirken oder sogar erzwingen. Positiv käme noch hinzu, dass kleinere Staaten weniger Probleme haben und sich daher leichter und effektiver regieren lassen. In diesem Sinne war schon bei den alten Griechen jeder Bürger einmal jährlich verpflichtet, für einige Zeit im Staatswesen nützlich tätig zu sein. Hinzu kommt, dass auch Fromm betont [Fro76], S. 225

> *„Selbst ein Mensch von geringer Intelligenz und Befähigung kann ohne Mühe ein Staatswesen leiten, wenn er einmal an die Macht gelangt.*
>
> *Die Regierungsaufgaben sollten nicht den Staaten – die selbst riesige Konglomerate darstellen – sondern relativ kleinen Verwaltungsbezirken übertragen werden, wo die Menschen einander kennen und entsprechend beurteilen können und wo sie deshalb aktiv an der Lösung ihrer eigenen Probleme mitwirken können."*

Dieses Ziel werden die o. g. „Totengräber" kaum akzeptieren und mit ihrer Macht zu verhindern versuchen. Sie würden dann ja überflüssig und müssten sich neu einordnen und dazu qualifizieren, andere Aufgaben (Inhalte) übernehmen und dabei ihren Besitz, ihre Einnahmen und Macht deutlich reduzieren. Sie müssten begreifen, dass alles, was man hat, man auch wieder verlieren kann. Allgemein kann es auch gestohlen werden oder seinen Wert verlieren, und am Ende verliert man sogar sein Leben. Es gilt daher – vor allem bezüglich der Habencharaktere – die Frage: [Fro76] S. 136):

> *„Wer bin ich, wenn ich bin, was ich habe, und dann verliere, was ich habe?"*

Allgemeiner gilt aber dennoch:

- „Vergleiche dich mit Bessergestellten, und du bist unzufrieden. Vergleiche dich mit Schlechtergestellten, und du hast mehr als genug.“ (China)
- „Der unzufriedene Mensch findet keinen bequemen Stuhl.“ (Benjamin Franklin)

Sinnvoll wäre bei der genannten Entwicklung, dass die so entstandenen Verlierer (Militärführer, Machtmenschen und Habencharaktere) Teile der aktuellen, durch sie bewirkten Schwächen und Mängel beseitigen helfen. Die Familie wird dann wieder zur fundamentalen Basis jedes kleinen Staates. Kinderkrippen, Schulbildung, Kultur und Wissenschaft müssen wieder ihre „richtige“ Bedeutung erlangen. Wenn das alles nicht schnell geschieht, geht eben die Menschheit zu Grunde. Das ist teilweise auch an der „neuen“ Gendersprache zu erkennen. In einigen Punkten ähnelt sie so mittelbar verwandten Entwicklungen, die – wenn auch viel gefährlicher – Victor Klemperer (1881 – 1960) in LTI beschrieb [Kle75]. Recht deutlich weist hierauf mit vielen Beispielen [Lie23] im Kapitel Sprache hin. Dabei ist u. a. zu beachten, dass sich die Inhalte von Wörtern und Begriffen im Laufe der Zeit ändern. Besonders gefährlich ist es aber dann, wenn das mit einem Ziel oder einer Ideologie willkürlich verbunden geschieht. Folglich müsste daher gegen alle negativen Tendenzen der o. g. „Verlierer“ sehr schnell, aber leider z. T. auch *gewaltsam* mit noch weitgehend unbekannten Schritten vorgegangen werden und das sogar, obwohl die bisherige Weltgeschichte zeigt, dass faktisch alle Revolutionen kaum jemals eine anhaltende positive Änderung bewirkten. Selbst die verschiedenen Religionen und Kulturen haben kaum mehr erreichen können. Dennoch bemühten sich immer wieder einzelne Autoren die Aussagen der Antike (z. B. das Sittliche der *Tugendlehre* von Aristoteles) weiterzuentwickeln. Der römische Politiker und Philosoph Marcus Tullius Cicero (106 – 43 v.Chr.) beschrieb dabei *Menschlichkeit* als die „ganzheitliche Bildung des Menschen“, vgl. [Zwe20]. Nach seinem Vorbild wurde erheblich von Francesco Petrarca (1304 – 1374) später der *„Renaissance-Humanismus*“ begründet. Er breitete sich ab dem 15.Jh. von Florenz allmählich über ganz Europa aus. 1788 bemühte sich u. a. Adolf Freiherr von Knigge (1752 – 1796) mit seinem zweibändigen Werk *„Über den Umgang mit Menschen*“ Begriffe wie Aufmerksamkeit, Dankbarkeit, Ehrlichkeit, Empathie, Freiheit, Freundschaft, Frieden, Gerechtigkeit, Glück, Güte, Herzlichkeit, Mitgefühl, Solidarität, Toleranz, Tugend und Menschlichkeit, Würde und Zufriedenheit zu etablieren [Kni77]. Bedeutender ist der von Immanuel Kant (1724 – 1804) geschaffene und noch heute weitgehend akzeptierte *kategorischen Imperativ*. Danach ist der Mensch verpflichtet, sein Handeln daran zu orientieren, wie ein autonomes reines Vernunftwesen handeln würde. Seine Maxime verlangt, das eigene Handeln so zu gestalten, dass es zur Grundlage einer allgemeinen Gesetzgebung gemacht werden kann. Anders ausgedrückt, handle so, wie du es von den anderen wünscht. Nach dem zweiten Weltkrieg wurde insbesondere die Humanität besonders wichtig. Leider kann aber nicht rein logisch eine allgemeingültige Ethik bzw. Moral bestimmt werden. Solange es Militär (u. a, Generäle) und damit Kriege gibt, lautet zwar das Gebot *„Du sollst nicht töten*“, jedoch von einem Soldaten im Kampfeinsatz fordern die Offiziere sogar ohne Scham und Gewissensbisse tausende Tote und bestrafen jeden Soldaten, der nicht so handelt, teilweise sogar mit Erschießen. Gilt hier etwa der mexikanische Witz, in dem ein Journalist einen Politiker fragt, ob er ein reines Gewissen habe? Worauf dieser antwortet: „Daran gibt es keinen Zweifel, denn ich habe mein ***Gewissen noch nie benutzt!***“.

Bevor die **Klimakatastrophe** wirksam wird, verbleibt uns nur noch sehr wenig Zeit sie beachtlich zu verzögern oder besser so abzuändern, dass die heutige Menschheit relativ lange bestehen kann. Hierzu ist vor allem unbedingt und sehr schnell ein komplexes Denken in den Regierungen notwendig. Fast immer wird dort aber nur betont zu linear und zwar im Sinne von Wenn → Dann bzw. Ja/Nein (gemäß der Determiniertheit) gedacht und beschlossen. Hierzu gab Joseph Weizenbaum (1923 – 2008) leicht geändert das folgend Bespiel [Wei77]:

> *Ein Spieler gewinnt in einer Spielbank den Hauptgewinn. Er glaubt an deterministische Ursachen und rekonstruiert die Bedingungen beim Gewinnen: Da stand eine hübsche Blondine hinter ihm. Also Versuch an der Spielbank mit Blondine. Er schlägt fehl. Damals hatte er einen bunten Schlips um. Also Blondine und bunter Schlips. Doch auch dieser Versuch schlägt fehl. Damals hatte er zwei Kognaks getrunken. Also Blondine, bunter Schlips, zwei Kognak und auf zur Spielbank. Dort wieder Fehlschlag.*

Mit der Technik erzeugen wir **Überfluss** und viele neue (technische) Möglichkeiten (s. S. 6). Im Prinzip wären dadurch die (Grund-) Bedürfnisse aller Menschen mit stark sinkender Arbeitszeit zu befriedigen. Das würde aber den Status der Besitzenden erheblich vermindern. So „entstand" das nie bewiesene Gesetz zum ständig notwendigen *Wachsen der Wirtschaft*:

> *„Die Entwicklung dieses Wirtschaftssystems wurde nicht mehr durch die Frage: Was ist gut für den Menschen? bestimmt, sondern durch die Frage: Was ist gut für das Wachstum des Systems?"*

Deutlich schädlich ist hierbei auch, dass der Intelligenzquotient IQ vor allem infolge der ständig sinkenden Bildungspolitik seit 1975 deutlich abnimmt, was über mehr als 100 000 Neueinberufene gut bestätigt. (Bild 20. Seit etwa 1995 wird der Abfall sogar noch steiler, Details u. a. in [Völ22] und spätere.

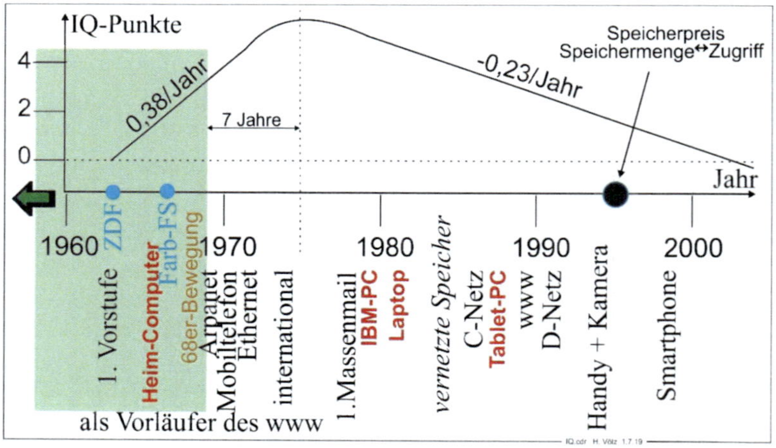

Bild 20*. Verlauf des weltweit bestimmten IQ*

Insgesamt hängt jedoch bei den komplexen Problemen alles von allem ab. Wegen Nichtbeachtung dieses Verlaufs entstanden schon viele gefährliche Fehler, z. B. der Bundeskanzlerin mit dem Entscheid: keine **Atom-** sondern K**ohleenergie** und offensichtlich kante sie als promovierte Physikerin nicht einmal die ***Kernfusion*** mit dem großen Vorteil: so gut wie

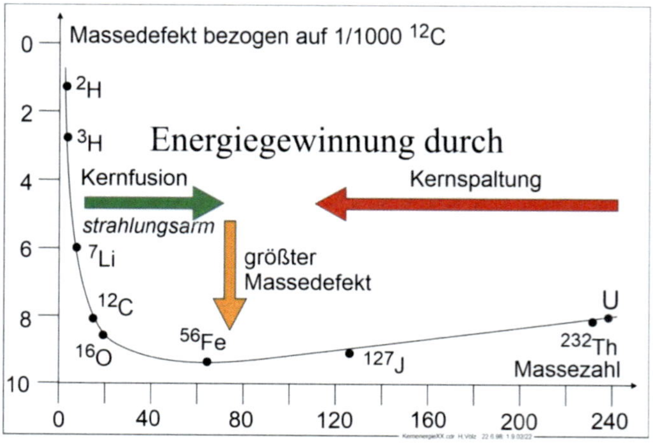

keine energiereiche Strahlung. Die zudem sehr umfangreich und weltweit hoch anerkannt und erfolgreich sogar in Greifswald erforscht wurde. Zu beachten wäre auch: Braunkohle zerstört alles und führt unweigerlich zur Klimakatastrophe, aber Atomstrahlung betrifft nur begrenzte Bereiche, wie deutlich Hiroschima usw. ausweisen. Insgesamt lassen sich viele entsprechende Fehlentscheidungen auch anderer ergänzen (z. B. Wärmepumpe, mögliche Folge Erdbeben, Windenergie: Metall nicht recycelbar und Rückwirkungen Klima) usw.)

Auf einer anderen Ebene sollte z. B. der Autoverkehr dringend deutliche Einschränkungen erfahren, z. B. bzgl. der Größe der Wagen und der Fahrten für Einzelpersonen, auch bei der Regierung. Im Extremfall lässt man sich dagegen „vorbildlich“ mit Fahrrad fotografieren, fährt jedoch dorthin mit einem Luxusauto. Warum wird nicht der ungeheure Papierverbrauch bei Werbungen und die gewaltige Menge von Verpackungsmaterial radikal eingeschränkt? Deutschland liegt bei Korruption im Weltmaßstab sogar ziemlich weit vorn. Weiter sind die Luxusgehälter bei der ARD mit der supermiesen Leistung ein Skandal. Es ist hier nicht die richtige Stelle auf die vielen weiteren Fehler und Missbräuche insbesondere der Spitzenfunktionäre (fast alle sind Habencharaktere) hinzuweisen (s. zuvor). Erforderlich wäre ein korrekter Nachweis des Besitzes. der Benutzung und des Zweckes von allem Luxus und Sondervergütungen. Wie will z. B. eine Regierung begründen, im Jahr zwei Monate Urlaub in Anspruch zu nehmen?

Jedoch die noch möglichen und notwendigen Änderungen werden kaum rechtzeitig die Realität (insbesondere bei den Machthabern) ausreichend ändern. So müssen sich folgerichtig die Charaktereigenschaften des *Habens* usw. ändern oder möglichst sogar verschwinden. Hierfür bestehen viele Möglichkeiten, die noch genauer zu klären und danach einzuführen wären. So forderten z. B, bereits 1974 Meserocic und Pestel [Mes74, S. 135) sowie 1976 Fromm [Fro76] an mehreren Stellen ähnlich (Folgen s. o.):

> *dass ein fundamentaler Wandel der menschlichen Grundwerte und Einstellungen“ (erfolgt und) „im Sinne einer neuen Ethik eintritt ... das Entstehen eines neuen Menschen und einer neuen Gesellschaft“... „dass durch einen tiefgreifenden Wandel des menschlichen Herzens eine neue Gesellschaft entstehen kann, dass ein neues Objekt der Hingabe an die Stelle des gegenwärtigen treten muss.“*

Zu allem ist u. a, zu ergänzen: Der Neue Mensch – als mächtigstes Wesen – muss nicht nur „bessere“ Eigenschaften entsprechend unserm jetzigen Denken und Handeln – z. B. Moral und Ethik – besitzen. Er kann auch total anders gestaltet sein, z. B. Flügel oder Flossen besitzen und sich daher anders bewegen. Auch seine Sinne sind vielleicht deutlich allgemeiner. Bei ihm existiert keine zweiwertige Logik mit Paradoxien usw. Dennoch könnten die Aussagen von Irmgard Keun (1905 – 1982) „*Wenn wir alle gut wären*“ weiterhin gelten [Keu83]. Nützlich wäre aber weiterhin der **Altruismus**, der sich mittlerweile deutlich als positives Ergebnis bei der Evolution herausgestellt hat. Erwähnung verdient hier auch die Erzählung ***„Ein Opfer des Gottesglaubens“*** von Taufik el-Hakim: Der Teufel will gut werden und trägt seinen Wunsch bei den mächtigen Häuptern aller Religionen vor. Doch überall wird dieses Ansinnen mehr oder weniger unfreundlich abgelehnt. Er wird ja unbedingt gebraucht! Vor Verzweiflung weint er schließlich bittere Tränen, die sogleich zu Unwetter und Zerstörungen werden. Da fleht Erzengel Gabriel, aufzuhören: er sähe doch die Folgen.

Erwähnt sei noch, dass auch die „Sprache“ beim neuen Menschen nicht rein linear und/oder per Schall erfolgen muss. Mit Bildern könnte sie vielleicht sogar übersinnlich operieren. Ob es so etwas wie Geld, Privatbesitz, Macht usw. geben muss ist ungewiss.

Entsprechend Bild 3 würden aber bis zum Entstehen des Neuen Menschen mehre tausend Jahre vergehen, sodass von und über uns nur noch relativ wenig Gespeichertes übriggeblieben sein dürfte. Schließlich wäre noch zu bedenken, ob es im weiten Kosmos (also außerirdisch) ihn nicht bereits gibt? Der muss dann nicht einmal aus Fleisch und Blut bestehen. Leben müsste dann total neu definiert werden. Vielleicht wartet er aber auch schon in Stille darauf, Erde und Mond völlig friedlich übernehmen zu können.

Unser Weltkulturerbe

Fast Jedermann ist bemüht, dass von ihm auch etwas nach seinem Tode Bestand hat. Die (jetzige) Menschheit hat dazu den Begriff Weltkulturerbe geschaffen und ordnet darunter Höchstleistungen ein. Doch wird das eine neue Menschheit noch irgendwie als gültig betrachten? Zumindest teilweise dürfte sie andere Wahrnehmungen für ihre Welt verwenden und auch andere Ziele für deren Gestaltung wählen. Materielle Gebilde, wie Kirchen, Brücken usw., bleiben dabei gewiss auch für sie nachweis-, mess- und handhabbar. Aber ob deren Zweck und Symbolgehalt für sie feststellbar oder gar einsichtig sein wird oder werden könnte, ist wohl recht fraglich. Selbst nach einer weitgehenden Zerstörung der Erde blieben Rudiment bestehen und wären verwendbar. Aber bei geistigen Leistungen, etwa Kunst und Literatur, Theorien usw. ist das erheblich schwieriger. Bei deren Existenz ist zumindest ein irgendwie ähnliches Gehirn, insbesondere mit ähnlichem, emotionalen Verhalten erforderlich. Das setzt wohl auch unsere Sprache mit ihren vielfältigen Eigenschaften und Bedeutungen voraus. So dürften sich im Bereich des Symbolismus von Bild 11 auch in der Zukunft völlig neue Möglichkeiten erschließen lassen.

Auch wenn die meisten der genannten Fragen – und viele zusätzliche – erst mit und von dem neuen Menschen zu beantworten sind, fügen allein die sich so ergebenden Fragen unserem heutigen Weltbild viel Neues hinzu, was erst noch erst hinterfragt werden muss? Allein durch den oben genannten IQ-Abfall macht sich auch hier die aktuell typische Aussage wieder bemerkbar: Wozu soll ich noch etwas lernen. Wichtig ist doch nur, dass ich weiß. wo es steht und wie ich es mit einem Klick erreiche!?

Zur Urknalltheorie

Seit der Mensch denkt, bemüht er sich seine Umwelt zu verstehen, um dadurch Vorteile für ein besseres Leben zu gewinnen. Bereits im sehr frühen Altertum gab es hierzu bei allen Völkern Mythen, Legenden und Geschichten. Sie betrafen u. a. die Erschaffung der Welt aus dem Nichts, ihr Entstehen aus einem Chaos, Erklärungen der wahrgenommenen Ordnung, Hervorgehen aus einem kosmischen Ei oder als Nachkomme zweier Welt-Eltern. Auch eine Titanenfigur hätte ihr Entstehen nach verheerendem Kampf gegen Chaos und Dunkelheit erreicht. Ähnlich der Schöpfungsgeschichte der Bibel werden auch Götter verantwortlich gemacht. Bei allem ist der Anfang der Welt immer ein Problem. Denn jede Aussage führt letztlich zur weiteren Frage, was davor war. So entsteht eine endlose Rückbezüglichkeit (Kreisprozess, Zirkelschluss bzw. Teufelskreis) ein ***circulus vitiosus***. Um ihn zu vermeiden, sagte bereits Platon in seinem Theaithetos „Was ist Erkenntnis?“: „*Wir kommen an einen Punkt, wo wir nicht weitermachen können, also werde ich eine Geschichte erzählen.*“ Die hier folgenden Betrachtungen beziehen sich auf den **Urknall der Physik** und zeigen dabei einige Probleme auf. Auf die umfangreichen und mathematisch sehr schwierigen Fragen sei hier verzichtet. Stattdessen sei auf den gut verständlichen und leicht zugänglichen Beitrag in der Wikipedia [Wik23] verwiesen. Er wird sogar offiziell als besonders bewertet. Dieser Artikel wurde am 2. September 2005 in dieser Version in die Liste der lesenswerten Artikel aufgenommen und die ausgewählte Darstellung wurde zuletzt am 15. März 2023 um 16:47 Uhr bearbeitet.

Erste einfache Erklärungen, Vermutungen und Behauptungen sind über 5000 Jahre alt. Hervorzuheben sind hier die Sumerer, Babylonier, Assyrer, Ägypter, Chinesen, Japaner und Inder. Teilweise begründete Vorstellungen besaß dann Pythagoras von Samos (um 570 bis um 500 v.Chr.). Bereits Aristarchos von Samos (um 310 bis ca. 250 v.Chr.) hatte erste konkrete Vorstellungen über Erde, Sonne und Mond. Als Erster vermutete er auch ein heliozentrisches Weltsystem (Sonne als Mittelpunkt). Hipparchos von Nikäia (190 - 125 v.Chr.) schuf den ersten Sternkatalog. Die Planetentheorie entstand durch Claudius Ptolemäus (um 100 bis ca. 160 n.Chr.). Seine Werke galten unverändert bis ins 16. Jh. Über die Unendlichkeit der Welt philosophierte auf rein theologischer Basis, aber relativ folgerichtig Kardinal Nikolaus Kues (auch Cryfftz oder Cusanus; 1401 - 1464). Nikolaus Kopernikus (1473 - 1543) setzte sich dann konsequent für das heliozentrische Weltsystem ein. Hierzu schrieb er 1510 seinen berühmten Brief an namhafte Astronomen, der allerdings erst 1877 wiedergefunden wurde. 1543 veröffentlichte er eine Zusammenfassung seiner Vorstellungen in „De Revolutionibus Orbium Coelestium“ (Über die Umdrehungen der Himmelskugeln). Etwas später geht Johannes Kepler (1571 - 1630) von den sehr genauen Beobachtungen des Tycho Brahe (1546 - 1601) aus und entdeckt dabei die Planetengesetze.

Die ersten Fernrohrbeobachtungen machte Galileo Galilei (1564 - 1642). Sie stützten deutlich das kopernikanische System. Einige diesbezüglichen Aussagen und vor allem die Probleme mit der katholischen Kirche beschreibt recht gut Bertolt Brecht (1898 – 1956) in seinem „Leben des Galilei“. Schließlich entwickelte Isaac Newton (1642 - 1727) die Infinitesimal-Rechnung und fand damit die Gravitationsgesetze. So werden wichtige Teile der Himmels-mechanik einheitlich darstellbar. Seine Theorie wird dann von 1905 bzw. 1913 durch die spezielle und allgemeine Relativitätstheorie von Albert Einstein (1879 - 1955) deutlich weiterentwickelt. Zunächst war Einstein davon vollkommen überzeugt, dass das Universum statisch und unveränderlich sei. Aber zu seiner eigenen Überraschung wies seine Theorie etwas anderes aus. Um die Stabilität zu erzwingen, fügte er daher 1917 den ursprünglichen Gleichungen einen „Antischwerkraftterm“ (als kosmologische Konstante Λ) hinzu.

1922 stellte dann Aleksander Aleksandrowitsch Friedmann (1888 - 1925) auf der Basis von Einsteins Gleichungen kosmologische Modelle auf, die ohne diese Konstante auskamen und 1927 entwickelte Georges Lemaître (1894 - 1966) eine erste Theorie des „Urknalls“ (englisch: Big Bang). 1929 gewann Edwin Powell Hubble (1889 - 1953) über die Rotverschiebung der Sternspektren usw. hierzu Hinweise auf ein sich ausdehnendes Weltall. 1932 gab Einstein seinen Irrtum zu und empfahl Λ als „die größte Eselei meines Lebens“ aus den Gleichungen zu verbannen. Vervollkommnet wurde die Urknall-Theorie 1948 durch George Anthony Gamow (1904 - 1968). Er sagte dadurch 1949 die Hintergrundstrahlung voraus, die dann 1965 gefunden wurde. Inzwischen gibt es noch einige, meist jedoch umstrittene, alternative Ansätze. Doch die Urknall-Theorie gilt immer (noch) als wesentliches Standard-Modell. Ihr Verlauf ist sehr stark vereinfacht als **Bild 21** aus [Wik23] übernommen.

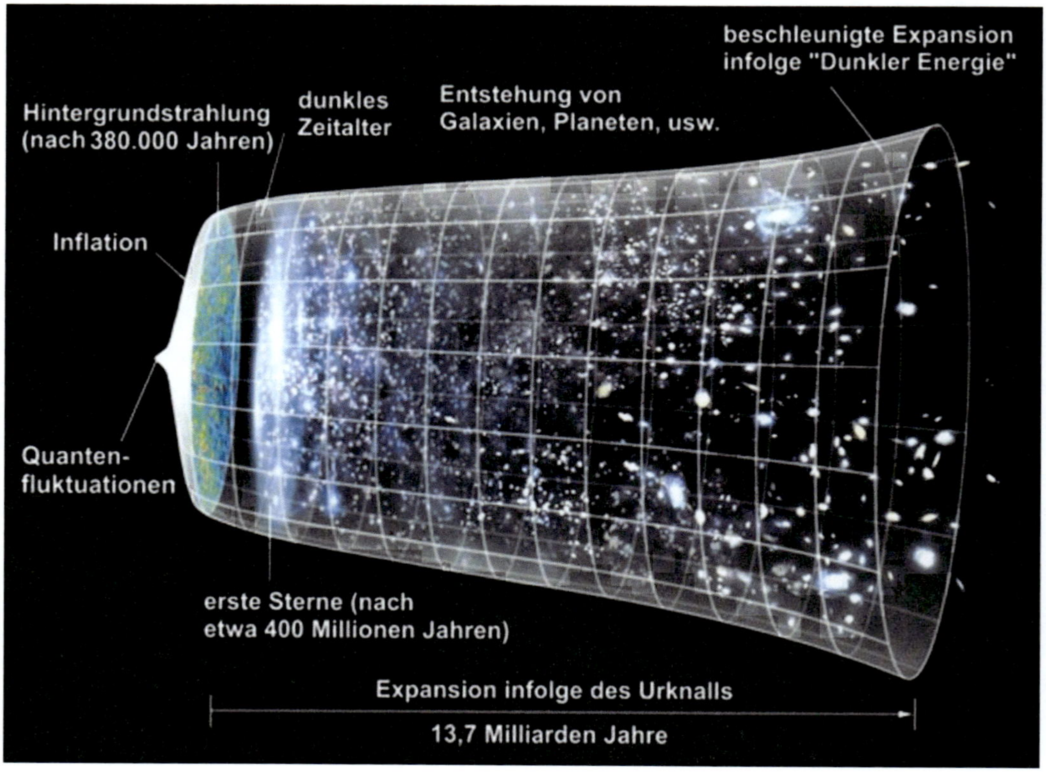

Bild 21*. Anschaulich vereinfachte Darstellung des Verlaufs vom Urknall*

Vor ca. 13,8 Milliarden Jahren wurde der Urknall durch eine Quantenfluktuation mit höchster materieller und energetischer Dichte ausgelöst. Dabei entstanden gemeinsam Materie, Raum und Zeit aus einer ursprünglichen Singularität (Creatio ex nihilo). Nach einer „Inflation“ entsteht die „Hintergrundstrahlung“. Ihr folgt das dunkle Zeitalter und dann die Expansion mit dem Entstehen von Sternen, Galaxien usw. Waagerecht gerichtet ist der Zeitverlauf dargestellt. Die jeweils aktuellen Welten sind nur schematisch durch die einzelnen Ellipsen als zweidimensionale Randkurven angedeutet. Sie sollten für die dazugehörenden Zeitpunkte gedanklich zu einer sehr großen dreidimensionalen Kugel ergänzt werden. Im mehr detaillierten Verlauf von **Bild 22**. sind weitere Details enthalten, die auch die Zusammenhänge mit den Gebieten für Realität (observabel), Rudinentät (experimentell unterstützt) und Symboliät (spekulativ) aufzeigen. Mit diesem Bild werden verschiedene Probleme der Theorie besonders deutlich.

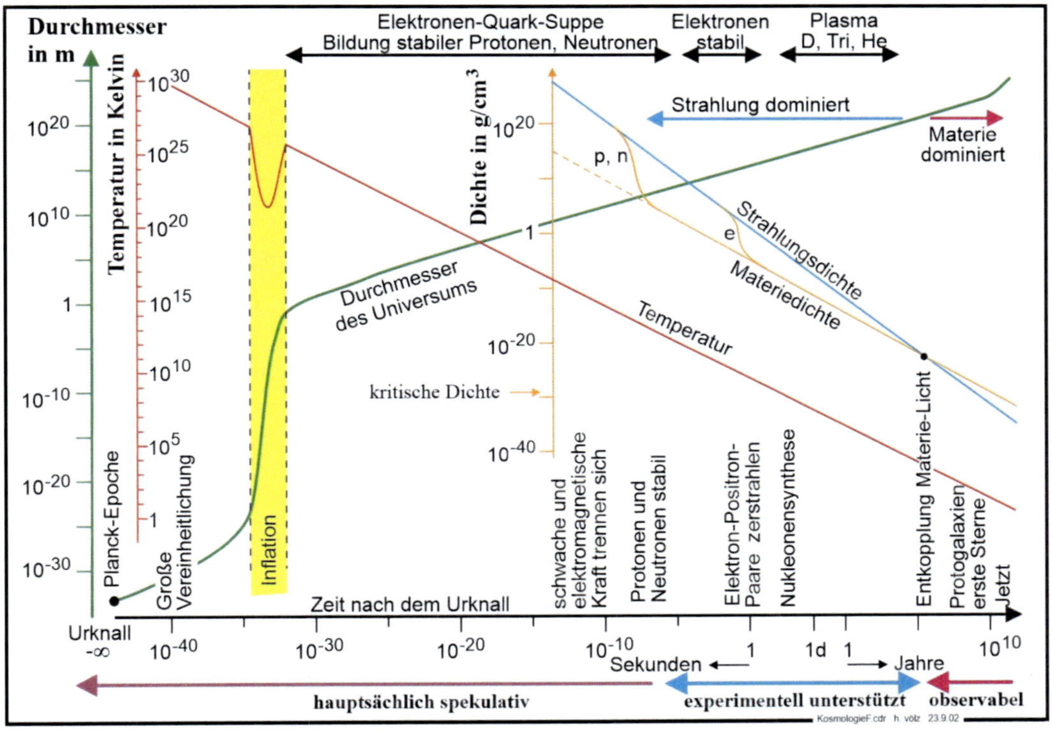

Bild 22. *Recht detaillierter Verlauf der Urknallmodelles (vgl. Titelbild)*

Für Unsicherheiten bei der Zeit gibt es – trotz der SI-Festlegung – sehr viele Zitate. Bereits der Kirchenvater **Augustinus** (354 - 430) fasst einiges wie folgt zusammen:

> *„Denn was also ist Zeit. Wer könnte das leicht und kurz erklären? Wer vermöchte es auch nur gedanklich zu begreifen, um sich dann im Wort darüber auszusprechen? Gleichwohl, was ginge uns beim Reden vertrauter und geläufiger vom Munde als „Zeit"? Beim Aussprechen des Wortes verstehen wir auch, was es meint, und verstehen es gleichso, wenn wir es einen anderen aussprechen hören? Solang mich niemand fragt, ist mir's, als wüßte ich's, doch fragt man mich und soll ich es erklären, so weiß ich's nicht. Aber zuversichtlich behaupte ich zu wissen, dass es vergangene Zeit nicht gäbe, wenn nichts verginge, und nicht künftige Zeit, wenn nichts herankäme, und nicht gegenwärtige Zeit, wenn nichts seiend wäre"* außer dem, *dass Gott die Welt nicht in, sondern mit der Zeit erschaffen hat."*

Leider ist die Zeit auch keine physikalische Größe. Hierzu sei von Einstein ausgegangen:

„Die Zeit ist das, was man auf einer Uhr ablesen kann.“

Er hielt auch die Bemühungen bezüglich einer Zeitrichtung für fruchtlos und vier Wochen vor seinem Tode (1955) schreibt er sogar:

> *„Für uns gläubige Physiker hat der Unterschied von Vergangenheit, Gegenwart und Zukunft nur den Charakter einer, wenngleich hartnäckigen Illusion“... „Zeit ist nicht ein unabhängig Seiendes, sondern eine Ordnungsform der Materie.“*

Es sei lediglich noch Gottfried Wilhelm Leibniz (1646 – 1716) hinzugefügt. Er meinte, das Universum sei eine Uhr. Zeit und Raum sind nur gedankliche Konstruktionen, um die Beziehungen zwischen Ereignissen zu beschreiben. Sie haben kein „Wesen“ und es gebe daher auch keinen „Fluss“ der Zeit und ergänzte dann:

> *„Die Zeit ist die Ordnung des nicht zugleich Existierenden. Sie ist somit die allgemeine Ordnung der Veränderungen, in der nämlich nicht auf die bestimmte Art der Veränderungen gesehen wird.“*

Bei der Urknalltheorie entsteht so die Frage, warum werden diese extrem kleinen Zeiten überhaupt benutzt? Das hängt mit den von Max Karl Ernst Ludwig Planck (1858 – 1947) eingeführten Planck-Größen zusammen. Sie betreffen den sogenannten „Schwarzen Körper“ (gemäß **Bild 23**). Das ist es ein kugelförmiger aufheizbarer Hohlkörper, der innen vollständig mit Ruß geschwärzt ist und nur ein kleines rundes Loch besitzt. Bei Zimmertemperatur erscheint das Loch tiefschwarz (schwärzer als der beste Samt), denn alles eintretende Licht wird innen voll absorbiert. Wird der Schwarze Körper aufgeheizt, so emittiert er je nach Temperatur sein typisches Strahlungsspektrum (b). Bis 1900 waren dafür nur die Näherungsformeln von Raleigh-Jeans und Wien bekannt. Sie gelten aber nur für stark eingeschränkte Bereiche (c). Es gelten dabei die Formeln von **Bild 24**. Darin bedeuten ν die Frequenz des Lichts, T die absolute Temperatur, h die Planck‘sche Konstante, c die Lichtgeschwindigkeit und k die Boltzmann-Konstante.

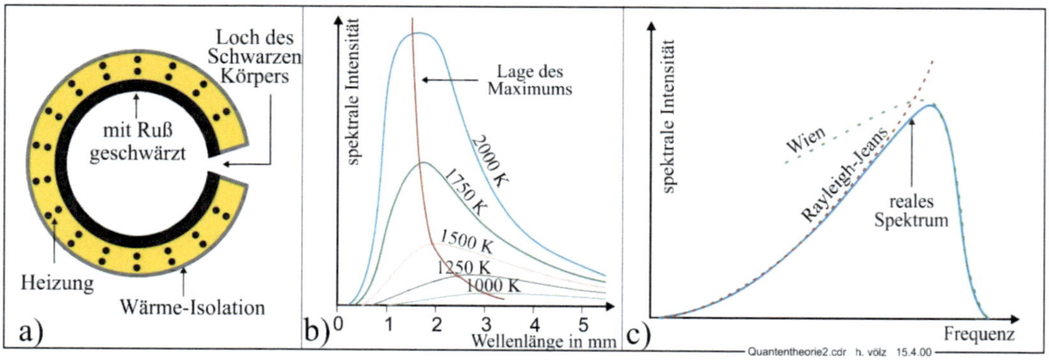

Bild 23. *Der Schwarze Körper und die Varianten seiner Strahlungsformeln*

Planck fand – wie er es selber ausdrückte „die voll gültige Strahlungsformel mit einem Akt der Verzweiflung“. Sie unterscheidet sich nur in den rot bzw. grün gekennzeichneten Teilen von den beiden älteren Formeln. Das Revolutionäre an der Formel ist, dass diskrete Energiequanten $E = h \cdot \nu$ (Einstein nannte sie später Photonen) erforderlich sind, was eine diskret gequantelte Physik verlangt. Plancks grundlegender Vortrag fand am 14.12.1900 in der Physikalischen Gesellschaft Berlin statt. Damit war – wenn auch nur indirekt – die total neuartige Quantentheorie eingeleitet. Erstmalig verwendet sie nicht mehr kontinuierliche Energien, sondern feste Quanten [Ger97]. Dabei fand er auch das heute fundamentale Planck'sche Wirkungsquantum:

$$G = 6{,}67259085 \cdot 10^{5}\ \mathrm{Nm^2/g^2}.$$

Raleigh-Jeans-Gesetz

$$\rho(\nu, T) \cdot d\nu = \frac{8\pi\nu^{2}}{c^{3}} k \cdot T \cdot d\nu.$$

Wiensches Verschiebungsgesetz

$$\rho(\nu, T) \cdot d\nu = \frac{8\pi\nu^{3}}{c^{3}} \cdot e^{-h\nu/kT} d\nu.$$

Plancksche Strahlungsformel

$$\rho(\nu, T) \cdot d\nu = \frac{8\pi h\nu^{3}}{c^{3}} \cdot \frac{1}{e^{h\nu/kT} - 1} d\nu.$$

Bild 24. *Strahlungen des Schwarzen Körpers*

Mit ihm ließen sich auch die Werte für das absolute Maßsystem ableiten.

$$m_{\mathrm{Pl}} = \sqrt{hc/G} = 5{,}456 \ldots \cdot 10^{-11}\ \mathrm{g}\ \ \text{(Planck-Masse)},$$
$$l_{\mathrm{Pl}} = \sqrt{hG/c^{3}} = 4{,}051 \ldots \cdot 10^{-35}\ \mathrm{m}\ \text{(Planck-Länge)},$$
$$t_{\mathrm{Pl}} = \sqrt{hG/c^{5}} = 1{,}351 \ldots \cdot 10^{-43}\ \mathrm{s}\ \ \text{(Planck-Zeit)}.$$

Darin bedeuten $c = 2{,}99792457 \cdot 10^{-8}$ m/s die Lichtgeschwindigkeit, $h = 6{,}62607554 \cdot 10^{-3}4$ Js das Planck'sche Wirkungsquantum und $G = 6{,}67259085 \cdot 10^{-5}\ \mathrm{Nm^2/g^2}$ die Gravitationskonstante. In diesem Maßsystem müssen immer alle Maßzahlen ***ganzzahlige*** Vielfache sein. Es kann also nichts Kleineres geben. Das legte deshalb den Urknall, also den Beginn der Welt, für die mutmaßliche Quantenfluktuation (Creatio ex nihilo) fest. Ein betont inhaltlichen Grund hierfür gibt es sonst nicht.

Somit bleibt die Frage, woher die Werte von 10^{-40} s bis etwa 10^{-5} s nach dem Urknall stammen. Denn etwa erst ab hier liegen „Rudimente“ (Speicherungen) im o. g. Bereich vor. Mit ihnen erfolgte eine Rückrechnung gemäß den Formeln der allgemeinen Relativitätstheorie. Doch dabei sind einmal die bei $\geq 10^{-5}$ s erhaltenen Werte unsicher. Außerdem sind Rückrechnungen fast immer irgendwie recht unsicher. Das belegen die beiden Beispiele von **Bild 25** deutlich. Beim Billard (a) sind aus der Geschwindigkeit und Richtung kurz vor dem Erreichen des Lochs durch keine Rückrechnung weder der Ort noch die Zeit für den ursprünglichen Stoß zu ermitteln. Selbst unter Beachtung der Reibungs- und Stoßverluste würde sich der Weg bis nahezu ins Unendliche fortsetzen (b). Bei einer Stellung im Schachspiel (c) können wir einigermaßen gut den nächsten Zug voraussehen, aber nur dann, wenn wir wissen, wer am Zug ist. Doch auch das ist nicht immer eindeutig aus der Stellung abzuleiten. Weiter lässt sich ein endliches Spiel nicht vom Ende her rückwärts spielen. Das gilt ähnlich auch für Automaten und Programme. Es gibt aber einzelne Beispiele für eine gewisse Rückrechnung. So lässt sich aus dem Geburtstag der Tag der Zeugung einigermaßen genau bestimmen. Ähnliches ist bei mehreren streng deterministischen Zusammenhängen zwischen Ursache und Wirkung möglich. Aber eine weitere Rückrechnung auf die Ursache der Ursache führt alsbald zum unendlichen Regress (*circulus vitiosus*).

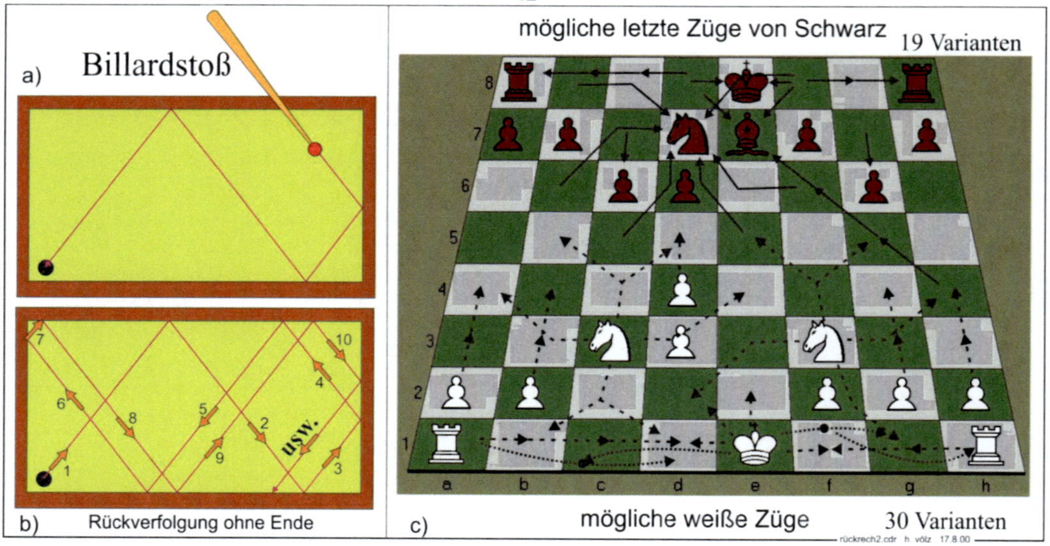

Bild 25. *Beispiele für die typischen Probleme bei einer Rückrechnung*

Die im SI festgelegte Zeit verlangt gegenüber anderen Messungen, Zählungen usw. zwei Messpunkte, nämlich ***Anfang und Ende,*** jeweils getrennt durch je einen Zeitpunkt (z. B. eine Änderung oder ein Geschehen) festzulegen (vgl. Bild 7). Ansonsten gibt es nur ein subjektives Zeitempfinden des Menschen, aber nicht bei anderen Lebewesen. Sie ist daher eigentlich nur ein Mittel für Veränderungen und zur Beschreibung und Ordnung des Geschehens. Es werden jedoch drei Varianten benutzt:

1. Die ***absolute*** oder objektive ***Zeit*** t_{abs} ist gemäß der im SI definierten Sekunde durch Zählen der Taktfrequenz bestimmt (s. S. 7).
2. Die ***subjektive Zeit*** t_{sub} geht auf das Althochdeutsche zit als Abgeteiltes zurück. Damals gab es nur grobe Einteilungen, wie morgens, mittags und abends. Gezählt wurden aber bereits Tage, Wochen und Jahre. Sie ist wesentlich von unserem ***Bewusstsein.*** Darum sind unser Erleben und unsere Interessen erheblich veränderlich. Typisch hierfür ist z. B.: Wenn wir Schönes erleben, dann spüren wir kaum etwas von der Zeit. Dagegen wird sie beim Warten auf etwas deutlich zur Langweile und ist so meist sogar unangenehm – spürbar. Tiere kennen dagegen keine Zeit und damit Langeweile! Ihnen fehlt dazu unser Gegenwartsgedächtnis.
3. Die ***interne Eigen- bzw. Systemzeit*** t_{int} kann als spezielle absolute Zeit angesehen werden. Sie gilt für weitgehend abgeschlossene Systeme. Durch verschiedene externe und interne Einflüsse erfolgen dann Veränderungen der in ihnen ablaufenden Geschwindigkeiten. Besonders deutlich und umfangreich geschieht das durch die Temperatur. Einige dieser Effekte werden auch im täglichen Leben z. B. beim Kühlschrank genutzt. Vielfach wichtig ist dabei, dass bei niedriger Temperatur im System die Prozesse deutlich langsamer ablaufen und bei höherer schneller.

Es ist jedoch unklar, welche Zeit beim Urknallmodell berücksichtigt wurde. Sie ist nicht definiert worden. Auch die Zahl der der Quanten am Beginn ist unbestimmt bis unsicher.

Literatur

[Bar06] Barrow, J. D.: Das 1×1 des Universums. Rororo, Reinbeck b. Hamburg 2006

[Bar94] Barrow, J. D.: Ein Himmel voller Zahlen. Spektrum-Verlag. Heidelberg - Berlin - Oxford 1994

[Ber05] Berger, J.: Paradoxien. Anaconda, München 2005 [Dri72] Drischel, H.: Das neuronale Gedächtnis. Nova acta Leopoldina Band 37/1, Nr. 206. S. 325 - 353. Johann Ambrosius Barth, Leipzig 1972

[Bür98] Bürgin, L.: Irrtümer der Wissenschaft: Gondrom Verlag 1998

[Dar86] Darwin Ch.: Die Entstehung der Arten durch natürliche Zuchtwahl. Übersetzt von Carl W. Neumann. Nachwort von Gerhard Heberer. Reclam, Ditzingen 1986

[Dra97] Drake, F., Sobel, D.: Signale von anderen Welten. Weltbild Verlag, Augsburg 1997

[Eig83] Eigen M. u. Winkler, R.: Das Spiel. Piper. München - Zürich, 1983

[Eng68] Engels, F.: Dialektik der Natur. In: Marx, K. u. Engels F.: Werke Bd. 20. Berlin, Diets 1968

[Eva11] Evans, D.; Selina, H.: Evolution. Tybia-Press Verlag. Überlingen2011

[Fall88] Falletta, N.: Paradoxien. Fischer - Logo, Frankfurt/M 1988/1990

[Fra69] Frank, H.: Kybernetische Grundlagen der Pädagogik. 2. Aufl. Bd. 1 + 2. Agis - Verlag Baden-Baden 1969

[Fre14] Frei, H: Albert Einstein, Sigmund Freud: „Warum Krieg?" Neue Rheinische Zeitung, 26.2.2014

[Fre79] Frege, G.: Begriffsschrift, eine der arithmetischen nachgebildeten Formelsprachen des reinen Denkens. Halle/Saale 1879. Auszugsweise abgedruckt in: Karel Berka, Lothar Kreiser, Siegfried Gottwald, Werner Stelzner: Logik-Texte. Kommentierte Auswahl zur Geschichte der modernen Logik. 4. Auflage. Akademie-Verlag, Berlin 1986

[Freu12] Freud, S.: Der Witz und seine Beziehungen zum Unbewußten. 2. Aufl., Franz Deuticke, Leipzig - Wien 1912, (Kiepenheuer, Leipzig - Weimar, 1985)

[Fro64] Fromm, E.: Psychoanalyse und Ethik. 2. Aufl. Diana Verlag. Stuttgart, Konstanz. 1954

[Fro76] Fromm, E.: Haben oder Sein. Die seelischen Grundlagen einer neuen Gesellschaft. Reclam, Denkraum (1976)

[Gam66] Gamm, H. - J.: Der Flüsterwitz im Dritten Reich, München 1966

[Gel94] Gell-Mann, M.: Das Quark und der Jaguar. Piper, München 1994

[Gen04] Genz, H.: Wie Naturgesetze Wirklichkeit schaffen. Rororo, Reinbeck b. Hamburg 2004

[Ger97] Gerthsen: Physik. 19. Auflage. Springer Verlag, Berlin, Heidelberg 1997

[Hen97] Hennig, A.: Die andere Wirklichkeit - Virtual Reality - Konzepte - Standard - Lösungen. Addison-Wesley. Bonn u. a. 1997

[Gey54] Geyer, Horst: Über die Dummheit. VMA - Verlag, Wiesbaden 1954

[Gof99] Goff, J. L.: Geschichte und Gedächtnis. Ullstein, Berlin 1999

[Gör92] Görnitz, T. u. B.: Die Evolution des Geistigen Vandenhoeck, Göttingen 1992

[Heg66] Helmer, O. u. a.: 50 Jahre Zukunft. Mosaik-Verlag, Hamburg 1967, engl. Original: Basis Books, New York 1966

[Kai54] Kainz, F.: Psychologie der Sprache (4 Bände). Ferdinand Enke-Verlag, Stuttgart 1954 - 1960

[Kap72] Kaplan, R. W.: Der Ursprung des Lebens, Georg Thieme, Stuttgart 1972

[Keu83] Keun, I.: Wenn wir alle gut wären. Kiepenheuer und Witsch, Köln 1983

[Kla34] Klages, L.: Vom Wesen des Rhythmus. Niels Kampmann Verlag, Kampen 1934

[Kle06] Klein, St.: Zeit, der Stoff aus dem Leben ist S. Fischer, Frankfurt /Main 2006

[Kle75] Klemperer, V.: LTI. Reclam, Leipzig 1975

[Kli93] Klix, F.: Erwachendes Denken. 2. Aufl. Deutscher Verlag der Wissenschaften, Berlin 1983. Spektrum Akademischer Verlag, Heidelberg - Berlin - Oxford 1993

[Klu02] Kluge: Etymologisches Wörterbuch der Deutschen Sprache, 24. Aufl. de Gruyter, Berlin 2002.

[Kni77] Knigge, A.: Umgang mit Menschen. Eska-Verlag. Bielefeld.1977 (Original 1788)

[Kuh04] Kuhlen, R.: Informationsethik UTB, Wiesbaden 2004
[Lau07] Laughlin, R. B.: Abschied von der Weltformel. Piper Verlag 2007
[Les07] Lesch, H., Gaßner. J. M.: Die Dimensionen des Lebens, Physik Journal 2007 H.4. S.31 - 36
[Lev17] Levy, J.: Paradoxien und Gedankenexperimente. Anaconda, Köln 3017
[Lev93] Levy, St.: KL - Künstliches Leben aus dem Computer. Droemer Knaur, München 1993
[Lie23] Liessmann, K. P.: Lauter Lügen. Zsolnay Verlag 2023
[Luh87] Luhmann, N.: Soziale Systeme. Suhrkamp, Frankfurt/M 1987
[Man87] Mandelbrot, B. B.: Die fraktale Geometrie der Natur. Birkhäuser, Basel - Boston, 1987
[Mea72] Meadows, D. u. a.: Die Grenzen des Wachstums. - Stuttgart: Deutsche Verlagsanstalt, 1972
[Meh97] Mehlmann, A.: Wer gewinnt das Spiel? - Spieltheorie und Fabeln und Paradoxa. Vieweg. Braunschweig - Wiesbaden, 1997
[Mes74] Mesarovic, M. u. a.: Menschheit am Wendepunkt. Deutsche Verlagsanstalt Stuttgart 1974
[Mey59] Meyer-Eppler, W.: Grundlagen und Anwendungen der Informationstheorie. 2. Aufl. Springer - Verlag. Berlin - Heidelberg - New York 1959
[Mod94] Modis, Th.: Die Berechenbarkeit der Zukunft. Birkhäuser Verlag. Basel – Boston – Berlin 1994
[Mül90] Müller, J.: Arbeitsmethoden der Technikwissenschaften - Systematik, Heuristik, Kreativität. Springer - Verlag. Heidelberg u.a. 1990
[Nei94] Neirynck, J.: Der göttliche Ingenieur. Expert - Verlag, Renningen - Malsheim, 1994
[Nyb94] Nyberg, D.: Lob der Halbwahrheit. Junius, Hamburg 1994
[Oer72] Oerter, R.: Psychologie des Denkens. Auer Donauwörth 1972
[Oer98] Oerter, R.: Montada, L. (Hergb.): Entwicklungspsychologie. 4. Aufl. Psychologie Verlags Union, Weinheim 1998
[Omm58] Omm, P.: Meßkunst ordnet die Welt - Eine Geschichte des Messens und der Meßgeräte. Impuls - Verlag, Buchschlag bei Frankfurt/M, 1958.
[Ott22] Ott, K.-H.: Verfluchte Neuzeit. Carl Hanser Verlag, München, 2022
[Pia66] Piaget, J.: Psychologie der Intelligenz. Klett. Stuttgart 1966
[Pia74] Piaget, J.: Die Bildung des Zeitbegriffes beim Kinde. Frankfurt: Suhrkamp, 1974
[Pru90] Prusinkiewicz, P. u. a.: The Algorithmic Beauty of Plants. Springer-Verlag, New York 1990
[Rat08] Rathsmann-Sponsel, I., Sponsel, R.: Grundwissen Zeitbegriff bei Kindern. Literaturliste. http://www.sgipt.org/ gipt/entw/zeit/zeit_gw.htm. Download 15.2.08
[Sch08] Schnabel. M.: Das Zeitverständnis des Kleinkindes: http://www.familienhandbuch.de/cmain/f_-Aktuelles/ Erziehungsfragen/s_217.html. Download 15.2.08
[Sch18] Schmidt, M.: Reise zur Information. c't 2019, H.13. S. 188
[Sch73] Schweitzer, A.; Gesammelte Werke: Verfall und Wiederaufbau der Kulturen, +Kultur und Ethik. Zürich 1973
[Sch73] Schweitzer, A.; Gesammelte Werke: Verfall und Wiederaufbau der Kulturen, +Kultur und Ethik. Zürich 1973
[Sch78] Schrauber, H.; Manuskript, Hochschule für Ökonomie 1978. Wurde infolge der Wende nicht mehr publiziert.
[Sch93] Schmidt, R. F. u. Thews, G. (Hrsg.): Physiologie des Menschen, 25. Aufl. Springer Berlin u.a. 1993
[Sei92] Seiffert; G., Radnitzky, G. (Herausgeber): Handlexikon der Wissenschaftstheorie. dtv, München 1992
[Ste63] Steinbuch, K.: Über die zukünftige Entwicklung der Nachrichtenverarbeitungstechnik. ETZ 84 (1963) 15; S. 485 – 493
[Völ01] Völz, H.: Wissen - Erkennen - Information. Allgemeine Grundlagen für Naturwissenschaft, Technik und Medizin. Shaker Verlag, Aachen 2001
[Völ03] Völz, H.: Handbuch der Speicherung von Information Bd. 1 Grundlagen und Anwendung in Natur, Leben und Gesellschaft. Shaker Verlag, Aachen 2003.

[Völ05] Völz, H.: Handbuch der Speicherung von Information Bd. 2 Technik und Geschichte vorelektronischer Medien. Shaker Verlag, Aachen 2005

[Völ07] Völz, H.: Handbuch der Speicherung von Information Bd. 3 Technik und Zukunft elektronischer Medien. Shaker Verlag, Aachen 2007

[Völ07a] Völz, H.: Wissen - Erkennen - Information. Datenspeicher von der Steinzeit bis ins 21. Jahrhundert. Digitale Bibliothek Bd. 159, Berlin 2007. Dies ist die digitalisierte und verlinkte Zusammenfassung der vier voranstehenden Bücher

[Völ12] Völz, H.: Wort- und Sprachspiele. Shaker Verlag Aachen 2012

[Völ14a] Völz, H.: Maßstäbe für die Zeit. Shaker Verlag, Aachen 2014

[Völ15] Völz, H.: Zur Relativität der Zeit. GrKG. 56 (2015) H.2. S. 55 – 64

[Völ17] Völz, H.: Das ist Information. Shaker Verlag Aachen 2017

[Völ18] Völz, H.: Wie wir wissend wurden. Shaker Verlag Aachen 2018

[Völ19] Völz, H.: Speicher für Alles. Shaker Verlag, Düren 2019.

[Völ19a] Völz, H.: Das ist Zeit. Shaker Verlag, Aachen 2019

[Völ20] Völz. H.: Von Information bis Kreativität. Shaker-Verlag, Düren 2020

[Völ20a] Völz, H.: Information und Medienwissenschaft. Shaker-Verlag, Düren 2020

[Völ21] Völz, H.; Ichrealität Shaker-Verlag, Düren 2021

[Völ22] Völz, H.: Probleme der Wissenschaften. Shaker-Verlag, Düben 2022

[Völ22a] Völz, H.: Vom Denken zu Information und Medien. Shaker-Verlag. Düben 2022

[Völ22b] Völz, H.: Möglichkeiten und Grenzen der Wissenschaft. Shaker-Verlag, Düben 2022

[Völ23] Völz, H.: Kritisches zur Urknalltheorie. Shaker-Verlag. , Düben 2023

[Völ76] Völz, H.: Diskussionsbeitrag zur Information und Emotion. Philosophische und ethische Probleme der Biowissenschaften. Akademie - Verlag, Berlin 1976, S. 269 – 277

[Völ82] Völz, H.: Information I - Studie zur Vielfalt und Einheit der Information. Akademie Verlag, Berlin 1982

[Völ83] Völz, H.: Information II, Theorie und Anwendung vor allem in der Biologie, Medizin und Semiotik. Akademie - Verlag Berlin 1983

[Völ89] Völz, H.: Elektronik - Grundlagen - Prinzipien - Zusammenhänge. 5. Aufl. Akademie Verlag, Berlin 1989

[Völ90] Völz, H.: Computer und Kunst. Reihe akzent 87. 2. Aufl. Urania - Verlag Leipzig Jena - Berlin 1990

[Völ91] Völz, H.: Grundlagen der Information. Akademie - Verlag, Berlin 1991

[Völ96] Völz, H., Ackermann, P.: Die Welt in Zahlen und Skalen, Spektrum Akademischer Verlag, Heidelberg - Berlin - Oxford 1996

[Völ99] Völz, H.: Das Mensch-Technik-System. Expert-Verlag, Renningen, Malsheim 1999

[Wei77] Weizenbaum, J.: Die Macht der Computer und die Ohnmacht der Vernunft. Suhrkamp, Frankfurt/M, 1977

[Wie48] Wiener, N.: Cybernetics or control and communication in the animal and the machine Hermann, Paris 1948 / Regelung und Nachrichtenübertragung in Lebewesen und in der Maschine. Econ - Verlag, Düsseldorf - Wien 1963, dito Econ 1992

[Wis05] Wisnewski, G.: Lügen im Weltraum Knauers Taschenbuch. München 2005

[Zwe20] Zweig, S.: Sternstunden der Menschheit, Reclam 2020

[Wiki1] Wikipädia „Bedürfnisse" download 20.5.23

[Wiki2] Stammesgeschichte des Menschen. downlod 10.4.2023

Sachwortverzeichnis